누구나 쉽게 배우는 블록체인 DApp 개발

이더리움으로 풀스택 완성하기

누구나 쉽게 배우는
블록체인
DApp 개발

이더리움으로 **풀스택** 완성하기

박경호 지음

서문 ────────────────────────────────

암호화폐와 블록체인의 광풍이 전 세계와 국내 사회를 들썩이게 하고, 점차 일반 대중에게 관심이 식어 가는 현재까지 블록체인 시장에 많은 이야기들이 있었다. 가상화폐공개(ICO, Initial Coin Offering)의 범람 및 투자의 실패와 스캠(사기), 정부의 규제를 겪으면서 분위기가 갑작스럽게 침체되었지만, 여전히 블록체인 기술의 밝은 미래를 향하여 세상을 바꿔 보려는 개발자와 창업가들이 지속적으로 이를 발전시키고 있다.

하지만 아직 갈 길이 멀어 보이는 것이 사실이다. 사용자 경험 측면에서 발전이 미흡하고, 확장성 및 보안 측면에서 실제 서비스를 매스 어답션(mass adoption)으로 확장하기까지 긴 여정이 남아 있다. 이를 해결하기 위해 이더리움(Ethereum) 외에도 이오스(EOS), 퀀텀(Qtum) 등과 같은 새로운 플랫폼이 등장하였는데, 이들 역시 비트코인, 이더리움 같은 기존 플랫폼으로부터 많은 영향을 받았고, 전반적인 커뮤니티를 확장시키기 위한 노력을 하고 있다.

결국, 그들이 원하는 것은 다양한 댑(DApp) 서비스들이 자신의 플랫폼에 출시되어 생태계를 보다 공고히 하는 것이라면, 그 서비스를 실제로 개발하는 개발자의 수는 여전히 적은 것이 사실이다. 또한, 학습해야 할 것이 많고 어디서부터 처음 시작해야 할지에 대한 가이드가 마땅치 않다.

이 책은 이런 동기를 가지고 **풀스택(Full-stack) 개발자를 위한 댑 개발을 학습하는 책**이다. 플랫폼은 '**이더리움**'을 선택하였는데, 이는 많은 리소스와 커뮤니티를 가지고 쉽게 블록체인 개발에 접근할 수 있기 때문이며, EOSIO와 같은 새로운 플랫폼은 나온 지 얼마 안 된 신생 플랫폼으로서, 빠르게 기술 문서가 바뀌어 가고 있기 때문이다. 하지만 전반적으로 컨트랙트(contract)와 키의 기본 사용 방식들은 비슷하므로 다른 플랫폼을 학습하는 데 수월할 것이다.

현재 구글, 페이스북, 아마존과 같은 수십억 달러 규모의 회사는 세계의 많은 사용자를 지원할 수 있는 막대한 인프라를 구축했다. 이러한 인프라는 TCP/IP, HTTP와 같은 프로토콜을 기반으로 하고 있는데, 이는 과거 인터넷 역사로 거슬러 올라갈 시점에는 예상하지 못한 것이다.

인터넷이 초기에 등장했을 때 수많은 인터넷 관련 기업과 서비스가 등장했지만, 일부의 성공 모델만 살아남고 대부분 사라졌다. TCP/IP 프로토콜도 처음에는 회의적이었지만, 모든 사람에게 열린 인터넷으로 세상에 확산되자 순식간에 여러 문제를 해결하고 사회를 변화시켰다. 따라서 공개된 개발 생태계를 유지하면서 문제가 발생했을 때 이를 빠르게 검토하고 대처하는 커뮤니티가 중요하다.

현재 암호화폐와 블록체인은 과거 인터넷처럼 기술 혁신에 따라 다양한 시행착오를 반복하는 단계라고 생각한다. 아직 눈앞에 바로 실현되는 기술의 결과물은 거의 없지만, 향후 다양한 기술과 아이디어의 범람으로 새로운 거대 왕국의 회사가 나타나고, 많은 사람들이 인지하지 않고도 자연스레 사용하게 되는 세상이 열릴 수 있다. 지금까지 기술의 혁신은 항상 이런 변혁을 통해 이루어졌고, 여전히 현재 진행 중이다.

따라서 많은 개발자들이 이 기술에 대해 관심을 가지고 개발을 시작해 보면 어떨까! 앞으로 현실의 커뮤니케이션과 사회 규칙은 온라인 사회의 커뮤니케이션 및 규칙으로 대부분 대체될 것이다. 이 규칙 및 스마트 컨트랙트와 같은 계약은 프로그래밍 언어로 구현된다. 이에 따라 미래를 위해 프로그래밍 언어와 컴퓨터 과학을 배우는 것은 무척 중요한 시대가 되었다.

필자 역시 블록체인 기술과 댑 개발에 대하여 아직 학습해야 할 내용이 많고, 지금도 미흡한 부분을 개선하고자 노력하지만, 새로운 기술을 학습하는 나름대로의 방식을 이 책에 싣고자 노력했다.

이 책은 블록체인 및 이더리움의 세부 지식을 상세히 다루지 않는다. 풀스택 개발 스택을 활용한 댑 개발에 초점을 맞추어 필요한 블록체인 기본 지식을 다루고, 이를 실질적으로 응용하는 부분을 중점적으로 살펴본다.

앞서 출간한 《누구나 쉽게 배우는 챗봇 서비스》(2018, 비제이퍼블릭)와 함께 지금의 원고까지 숨가쁘게 달려왔다. 이 기간 동안 '이더리움 연구회' 소속으로서 발표를 진행하고, Qtum, EOS 등과 같은 글로벌 해커톤 챌린지에서 수상했다. 이를 발판으로 새로운 도전을 위해 항상 정진하고 있다.

이 책을 만들기까지 블록체인 커뮤니티에서 다양한 영감과 지식을 나눠 준 친구들과 블록체인 기술과 인간 사회의 접점을 잇는 새로운 생태계 구축을 지향하는 자기 경영을 위한 홀라크라시(Holacracy) 조직인 'EpitomeCL'에 감사한다.

이 책의 구성

1~2장은 프로젝트 개발 시에 사용하는 최신 ES8 자바스크립트와 VueJS 프론트엔드 프레임워크를 살펴본다.

3~4장은 블록체인 기본 지식과 이더리움 개발 및 스마트 컨트랙트 솔리디티 개발 방식을 학습한다.

5장은 ERC20과 ERC721 스펙을 살펴보고, NFT 기반의 게임인 크립토키티를 분석해 본다.

6장은 컨트랙트 개발 도구인 트러플을 살펴보고, 오픈제플린 라이브러리를 사용하여 ERC20 기반 토큰을 만들어 본다.

7장은 리믹스와 VueJS(VueX), 메타마스크를 활용한 간단한 베팅 댑을 구성하고, 컨트랙트를 이더리움 테스트넷에 배포한다.

8장은 socket.io와 node.js를 활용한 채팅을 구현하고, 가나슈(Ganache)와 트러플을 사용한 컨트랙트를 구성하여, 투표를 하고 조회하는 댑을 만들어 본다. 또한, 인프라를 활용한 네트워크 배포도 살펴본다.

9장은 NFT 기반의 마켓플레이스 댑으로서, 가나슈와 트러플을 사용해 컨트랙트를 구성하고 IPFS를 사용한 업로드를 구현한다.

개발 환경

이 책의 코드는 MacOS/Linux와 크롬 브라우저에 최적화되어 있으며, 독자가 CLI(Command Line Interface)에 이미 익숙하다고 가정하고 집필하였다.

이 책의 실습 시에 사용한 버전은 다음과 같다.

- MacOS Mojave: v10.14.2
- web3js: v0.20.6 https://www.npmjs.com/package/web3/v/0.20.6
- Solidity: v0.4.25 (solc-js)
- Truffle: v4.1.15
- Metamask: v5.3.0
- node.js: v10.8.0
- Vue.js: v2.5.21

관련 코드 링크

문의는 http://elegantuniv.com/의 Contact를 통하여 연락을 주길 바란다.

이 책에 사용된 코드는 다음 링크에서 확인할 수 있다.

https://github.com/bjpublic/ethereumfullstack

목차

서문...........................iv

저자 소개 xii

1장   ES8 자바스크립트   1

ES8 vs ES5.. 1

let & const 3

화살표 함수 5

클래스 6

템플릿 문자열 8

디스트럭처링 9

Spread & Rest 연산자 10

for..of 루프 12

프로미스 14

임포트와 익스포트 모듈 16

객체 표현식 17

async, await 18

2장   VueJS   21

VueJS 소개 21

인스턴스 라이프사이클 23

템플릿 25

computed 26

조건부 렌더링 27

리스트 렌더링 28

v-model 30

컴포넌트 31

3장   블록체인 기본   **33**

해시 함수 35

어드레스 36

디지털 서명 36

비트코인 거래 37

블록 구조 39

머클 트리 40

작업 증명 알고리즘 40

UTXO 41

지갑 42

블록체인의 기술적 과제 44

4장   이더리움과 솔리디티   **47**

가스 49

계정 구조 49

블록 생성 및 선택 51

EVM 52

네트워크 유형 52

계정과 연결된 정보 53

거래 53

오라클 54

이더리움 개발 클라이언트 55

오픈제플린(OpenZeppelin) 56

데이터 저장공간 56

게스 콘솔 실습 57

송금하기 60

솔리디티 데이터와 타입 62

솔리디티 예제 72

5장   ERC20과 ERC721(NFT)   **77**

　　ERC20 77
　　NFT 82
　　ERC721 84

6장   트러플의 이해   **103**

　　트러플 설치 103
　　트러플 박스 104
　　새 프로젝트 생성 105
　　개발 콘솔 105
　　컨트랙트 컴파일 106
　　마이그레이션 107
　　ETHPM으로 패키지 매니징하기 109
　　메타코인 예제 111
　　트러플과 오픈제플린으로 ERC20 토큰 만들기 113

7장   베팅 댑 만들기   **119**

　　개요 119
　　환경 설정 120
　　리믹스 IDE 122
　　메타마스크 126
　　프로젝트 생성 128
　　스마트 컨트랙트 작성 130
　　컨트랙트 테스트 136
　　VueJS로 애플리케이션 구축 141
　　Vuex와의 연동 144
　　Web3와 메타마스크 연동 147
　　컨트랙트 연동 160
　　메타마스크와의 연동 163

8장   채팅 기반의 투표 댑 만들기   173

　개요.. 173

　환경 설정.. 174

　트러플 활용하기.. 175

　컨트랙트 작성.. 176

　채팅 UI 및 서버 만들기... 180

　node.js 서버 구축하기.. 186

　UI와 컨트랙트 연동하기.. 194

　컨트랙트 발전시키기... 203

　테스트넷에 컨트랙트 배포하기................................. 208

9장   NFT 마켓플레이스 댑 만들기   215

　개요.. 215

　환경 설정.. 216

　스마트 컨트랙트 구현.. 217

　컨트랙트 테스트.. 220

　옥션 컨트랙트 구현... 227

　웹 프론트엔드 초기 구성... 236

　메타마스크 연동.. 236

　컨트랙트 파일 구성... 239

　라우팅 구성... 240

　main.js 구성... 241

　views 구성... 243

　컴포넌트 개발.. 246

　UI 테스트... 274

　　　　　　　　　　　　　　　　찾아보기...................... 281

저자 소개

박경호

세계 4대륙 해커톤 참여 경험이 있으며, 기술 흐름의 물결을 즐겁게 따라가는 풀스택 개발자이다. 현재는 블록체인 엔지니어로서, Qtum, EOS 등의 다양한 글로벌 챌린지에서 수상하였고, 여러 오픈 기술 커뮤니티에서 활동하고 있다. 다음에는 또 어떤 새 도전을 해볼지 고민 중이다.

ES8 자바스크립트

■ ES8 vs ES5

ES5(ECMAScript 5)는 2009년에 발표되었으며, 그 이후 기존 자바스크립트의 문제점을 개선한 ES6가 2015년 여름에 발표되었다. ES6는 ECMAScript 2015라고도 불리고, 이후 ES7(ECMAScript 2016), ES8(ECMAScript 2017), ES9(ECMAScript 2018)으로 해마다 개선된 버전이 나왔다.

[그림 1-1] ECMAScript 2018(https://www.ecma-international.org/ecma-262/9.0/index.html)

개선한 버전에 따라 브라우저가 이를 차츰 지원하고 있으며, 기존 대부분의 브라우저는 ES5 버전으로 웹 페이지가 동작하고 있으므로 Babel(https://babeljs.io/)과 같은 트랜스파일러로 상위 버전을 하위 버전인 ES5로 변환하는 과정을 거쳐야 사용할 수 있다.

특히, ES6는 ES5에 비해 개선된 사항이 많고, 최근 ES8에는 비동기 함수 문법인 async-await를 지원한다. 이와 관련한 추가 기능은 다음과 같다.

- **let, const**: 변수 선언용 let, 상수 선언용 const 키워드 추가
- **클래스**: 클래스 키워드 추가
- **화살표 함수**: 함수 정의를 위한 화살표 함수 추가
- **템플릿 문자열**: 역따옴표를 이용한 문자열 기능 추가
- **함수 인자 기능**: 인자 기본값 설정, 가변 인자 기능 추가
- **디스트럭처링**: 변수를 매핑(mapping)하여 할당 기능
- **Iterator, for-of**: 배열의 Iterator 속성 정의 및 for-of 키워드 추가
- **Map, Set**: Map, Set 키워드 추가
- **모듈 기능**: import, export 키워드 추가

- **Promise**: Promise 모듈 추가
- **Proxy**: Proxy 패턴의 기능을 기본 표준으로 추가
- **Symbol**: 새로운 Symbol 모듈 추가
- **Array.includes**: 배열에 해당 요소가 존재하는지 확인하는 메서드 추가(ES7)
- **Async, Await**: 비동기 문법인 Async-Await 키워드 추가(ES8)

이 주요 기능들에 대하여 하나씩 살펴보자.

▍ let & const

let과 const는 변수와 상수를 선언하는 키워드로서, 기존에는 var 키워드로 변수와 상수를 모두 정의했지만 ES6는 상수와 변수를 구분할 수 있는 해당 키워드를 추가했다.

let은 변수를 정의할 때 쓰이며, const는 상수를 정의한다. 즉, const로 정의한 값은 다시 재정의할 수 없다.

```
const PI = 3.14;
PI = 3.15; // 에러 발생.
```

기존 var 키워드로 선언한 변수를 함수 스코프(scope) 변수라고 하며, 함수 안에 선언하면, 함수 밖을 제외한 내부 어디든지 접근할 수 있다.

이와 달리, var과 const는 블록 스코프 변수이며, 블록 스코프 안에 변수를 선언하면 이 블록 안에서만 접근할 수 있고, 밖에서는 접근할 수 없다.

```
function test() {
    if(true) {
```

```
        var b = 1;
        let c = 2;
    }
    console.log(b); // b가 출력: 1
    console.log(c); // "if" 문 안에서만 접근 가능하므로 레퍼런스(reference) 에러
    발생.
}
```

또한, 같은 스코프에서 같은 이름의 let 변수를 선언할 수 없다.

```
function test2() {
    let name = 'Test Name';
    let name = 'Test Name2';  // SyntaxError 발생
}
```

여러 개의 변수를 선언하기 위해서 콤마(,)로 구분하여 연속해서 선언할 수 있다.

```
let a = 1, b = 2, c;
```

여기서 값을 할당하지 않은 변수인 c는 디폴트 값으로 undefined가 할당된다. 또한, let과 var의 주된 차이점 중 하나는, this 키워드가 참조하는 오브젝트의 차이이다.

```
var car = "자동차";
console.log(this.car); // 출력 : 자동차

let bus = "버스";
console.log(this.bus); // 출력 : undefined
```

var 키워드로 선언한 변수의 경우, this가 window 오브젝트를 참조하므로 이에 접근할 수 있으나 let은 그렇지 않다.

하위 호환성을 위해 var 키워드를 여전히 사용할 수 있지만, ES6에서는 let, const 사용을 권장한다. 이 책에서는 let과 const를 주로 사용한다.

▌ 화살표 함수

ES6에서는 익명 함수를 표현하기 위해서 화살표 함수(arrow function) 표현식을 지원한다.

기존에는 다음과 같이 함수를 선언한다면,

```
var calculateVolume = function(a, b, c) {
    var volume = a * b * c;
    return volume;
}
var result = calculateVolume(1,2,3);
console.log(result); // 6
```

화살표 함수를 이용하면 다음과 같이 간결하게 생성할 수 있다.

```
let calculateVolume = (a, b, c) => {
    let volume = a * b * c;
    return volume;
}
let result = calculateVolume(1,2,3);
console.log(result); // 6
```

즉, function이 생략되고 '=>' 기호가 그 자리에 추가된다.

또한, 다음과 같이 구문이 하나밖에 없으면 {} 기호를 생략할 수 있다.

```
let calculateVolume = (a,b,c) => a*b*c;
```

이는 return을 생략한 것으로서 return a*b*c와 같다. 만약, 화살표 앞에서 줄을 분리하면 SyntaxError가 발생한다.

파라미터가 하나이면 소괄호 ()를 제외하고 해당 파라미터만 작성할 수 있다.

```
let calculate = value => value + 10;
```

파라미터가 없는 경우, 소괄호 ()만 작성한다.

```
let func = () => 1+2;
```

▌ 클래스

기존에는 객체지향을 구현하려고 할 때 function을 사용하여 구현하는데, ES6는 class 키워드가 새롭게 추가되었다.

다음과 같이 new 키워드를 붙여 호출하면 생성자로 동작하여 객체를 생성한 후, 이를 반환한다.

```
function Animal(name){
    this.name = name;
}

Animal.prototype.getName = function() {
    return this.name;
}
```

```
var lion = new Animal("lion");
console.log(lion.getName()); /// lion
```

ES6 클래스는 생성자와 상속을 더욱 간단하고 명확한 구문으로 다룰 수 있다. 여기서 클래스 자신도 함수이며, 생성자를 가지고 함수를 생성하는 새로운 구문이다. 다음은 클래스를 사용한 예시이다.

```
class Animal {
    constructor(name){
        this.name = name;
        this.type = "animal";
    }

    getName() {
        return this.name;
    }
}
let animal = new Animal("lion");
console.log(animal.getName()); // lion
console.log(typeof Animal);
```

class 키워드를 앞에 붙여 선언한다. 생성자 함수는 constructor로 정의하고, 속성과 멤버 변수를 설정할 수 있다.

객체지향의 특징 중 하나인 상속도 다음과 같이 구현한다.

```
class Lion extends Animal {
    constructor(name) {
        super(name);
        this.type = "lion";
    }
}
let lion = new Lion("king");
console.log(lion instanceof Animal); // true
console.log(lion.getName()); //king
```

extends 키워드를 활용해 Animal 클래스로부터 상속을 받는다. 또한, 다른 객체지향 언어와 마찬가지로 부모 클래스 생성자를 호출하려면 super 키워드를 이용해 호출한다. Lion은 Animal의 서브 클래스이므로 Animal의 인스턴스로 확인되는 것을 볼 수 있다.

또한, static 키워드를 활용하면 정적 메서드를 구현할 수 있다. 클래스의 생성자를 만들 필요 없이 바로 정적 메서드 이름으로 함수를 호출할 수 있다.

```
class Animal {
    static getName() {
        return "Animal";
    }
};
console.log(Animal.getName()); // Animal
```

▌ 템플릿 문자열

템플릿 문자열(template string)은 문자열을 생성하는 새롭게 도입된 리터럴이다. 문자열을 설정하기 위해 역따옴표(`)를 이용한다. 기존에는 변수를 문자열 안에 삽입하기 위해서 따옴표 사이에 그 변수를 넣어 합치는 작업이 필요했는데, 템플릿 문자열을 이용하면 이를 간단하게 만들 수 있다.

변수를 ${표현식} 형태로 역따옴표 안에 넣을 수 있고, 이는 함수로 전달되어 일반 문자열로 치환된다.

```
let a = 1;
let b = 2;
let str = ` ${a} 더하기 ${b}는 ${a+b} 이다`;
console.log(str); // 1 더하기 2는 3이다
```

그리고 여러 줄에 걸친 텍스트를 표현하는데도 템플릿 문자열을 활용한다. ES5에서는 개행 문자인 \n으로 줄바꿈을 했었다면, 템플릿 문자열은 이를 직관적으로 바꿔준다.

```
console.log(`a
b
c`);
```

실행 결과는 다음과 같다.

```
a
b
c
```

▌ 디스트럭처링

디스트럭처링(destructuring)은 object 객체를 개별 변수에 할당하는 것을 말한다. 이를 이용하면 JSON 형태의 객체를 쉽게 매핑하여 변수에 할당할 수 있고, 반환값도 여러 개를 설정할 수 있다.

```
let arr = [1,2,3,4];
let [a,b,c,d] = arr;
```

위와 같은 형태로 변수를 차례로 할당한다. 만약 할당한 값이 없으면 undefined가 설정된다.

```
let arr = [1,2,3];
let [a,b,c,d] = arr;  // 1 2 3 undefined
```

다음과 같이 값을 건너뛸 수도 있다.

```
let [a, , c] = [1,2,3];
console.log(a, c); // 1 3
```

object의 경우,

```
const obj = {
    name: "Nick",
    age: "31",
    job: "Software Engineer"
}
let {name, age, job} = obj;
console.log(name, age, job); // "Nick", "31", "Software Engineer"
```

형태로 대입할 수 있다. 오른쪽이 object이면, 왼쪽도 object여야 한다. name, age, job은 각각의 값을 할당하게 된다. 해당되는 키가 없으면, 초깃값인 undefined가 유지된다.

또한, 다음과 같이 기본값을 설정할 수 있다.

```
let arr = [0,1,2];
let [a=1, b, c=3, d=4] = arr;
```

▌Spread & Rest 연산자

ES6부터 가변 인자를 표현할 "..." 키워드가 추가되었다.

기존에는 배열값을 함수 인자로 넘기려면 apply() 내장 메서드나 arguments를 통해 변수를 받아서, 이를 Array.prototype.slice() 함수로 잘라 내야 했지만, "..." 키워드를 이용하면 여러 개의 인자를 넘길 수 있다. 이는 Spread 연산자로 한다.

```
function test(a, b) {
    return a+b;
}
const data = [1,2];
const result = test(...data);
console.log(result); // 3
```

이와 같이 배열에 있는 요소를 인자로 치환하여 test 함수를 호출한다.

또한, 다음과 같이 Spread 연산자를 활용하여 배열을 작성할 수 있다.

```
const data1 = [1, 2];
const data2 = [3, 4];
const result = [0, ...data1, ...data2, 5];

console.log(result); // [0,1,2,3,4,5]
console.log(result.length); // 6
```

문자열을 각 문자로 배열을 만들기 위하여 Spread 연산자를 활용할 수 있다.

```
const result = [..."abcde"];
console.log(result);  // ["a","b","c","d","e"]
```

Rest 연산자는 함수의 마지막 파라미터에 "..."를 붙이는데, 다음과 같이 이용할 수 있다.

```
function test(a, b, ...arr) {
    console.log(arr);
}
test(1,2,3,4,5); // [3,4,5] 출력
```

이와 같이 Rest 연산자는 배열을 받아서 편하게 이용할 수 있다.

Spread와 Rest 연산자의 형태는 같지만, 기능이 다르므로 이를 구분해야 한다. Spread 연산자는 호출하는 함수의 파라미터에 사용하고 배열을 각 요소 단위로 전개하는 반면, Rest 연산자는 호출을 받는 함수의 파라미터를 사용하고 이에 설정되지 않고 남은 파라미터 값을 배열의 요소로 설정한다.

▌ for..of 루프

기존 자바스크립트에서는 for, for..in 루프만 사용할 수 있었는데, for..of는 iterator 형태로 순환할 수 있는 기능을 제공한다.

iterator는 어떤 데이터 집합을 순서대로 접근할 때 사용된다. for..of는 Symbol. iterator를 호출하는데 배열과 문자열은 이 속성을 제공하고 있다. 즉, 배열을 순서대로 순회하며, 문자열은 문자를 하나씩 접근하게 된다. 또한, 사용자 정의 iterator을 커스텀 객체에 만들 수도 있다.

```
let list = [1,2,3,4];

for(let value of list) {
    console.log(value);
}
```

출력 결과

```
1
2
3
4
```

```
for(let char of 'hello'){
    console.log(char);
}
```

출력 결과

```
'h'
'e'
'l'
'l'
'o'
```

DOM에 접근하여 반복된 리스트를 가져오는 데 유용할 수 있다.

```
<ul>
    <li>First</li>
    <li>Second</li>
    <li>Third</li>
</ul>

let nodes = document.querySelectorAll("li");
for(let node of nodes) {
    console.log(node.textContent);
}
```

출력 결과

```
First
Second
Third
```

document.querySelectorAll("li")는 li 엘리먼트를 모두 찾아 노드(node)에 설정하는 것이고, 이러한 노드 리스트는 iterator 형태로 순환이 가능하기에 for..of 루프를 활용할 수 있다.

한편, 오브젝트의 경우, iterator 형태로 순환할 수 없지만, Object.keys 메서드를 활용해 이를 구현한다.

```
const animals = {
    lion: "사자",
    tiger: "호랑이"
};

const keys = Object.keys(animals);
for(let key of keys){
    console.log(key, animals[key]);
}
```

출력 결과

```
lion 사자
tiger 호랑이
```

Object.keys를 활용하면 오브젝트에서 프로퍼티 키를 배열로 반환하게 된다. 이 배열은 iterator 형태로 순환이 가능하기에 for..of 루프를 통해 해당 프로퍼티 값을 구한다.

▌ 프로미스

프로미스(Promise)는 비동기 호출이 일어났을 때 또는 해당 태스크가 완료했을 때, 이를 처리할 함수나 에러를 처리할 함수를 설정하는 모듈이다. 특히, 비동기 처리가 많이 일어나는 XMLHttpRequest 처리에서 주로 사용되며, 반환값을 연계적으로 처리할 수 있기에 순차적인 호출을 보장한다.

프로미스는 Callback hell을 해결하고, then() 메서드를 활용하여 비동기 코드를 절차적으로 동작하는 코드로 바꿀 수 있다.

```
function get(url) {
  return new Promise(function(resolve, reject) {
    var req = new XMLHttpRequest(); req.open('GET', url);
    req.onload = function() {
      if (req.status == 200) {
        resolve(req.response);
      }else {
        reject(Error(req.statusText));
      }
    };
    req.onerror = function() {
      reject(Error("Network Error"));
    };
    req.send();
  });
}
```

프로미스 생성자는 프로미스 인스턴스를 만든다. 그리고 executor 콜백을 넘기는데 이는 resolve, reject, 두 개의 파라미터를 가지며, 성공하면 resolve 콜백에 결괏값을, 실패하면 reject 콜백에 에러 메시지를 전달한다.

```
get('story.json').then(function(response) {
  console.log("Success!", response);
}, function(error) {
  console.error("Failed!", error);
})
```

get 메서드를 호출하여 이것이 성공하거나 실패할 경우, 이를 핸들링할 수 있다.

그리고 여러 개의 프로미스를 실행할 경우, 이에 대한 완료 태스크를 정의하기 위해 Promise.all API를 사용한다.

```
Promise.all([promise1, promise2]).then(function(values) {
  console.log("완료", values);
});
```

여기서 promise1과 promise2는 프로미스 객체이고, 만약 위의 예제와 같이 프로미스를 함수로서 반환한다면 다음과 같이 실행해야 오류 없이 호출할 수 있다.

```
Promise.all([promise1(), promise2()]).then(function(values) {
  console.log("완료", values);
});
```

▌ 임포트와 익스포트 모듈

모듈 프로그래밍은 각 프로그램 파일을 모듈 단위로 분리하여, 이를 구조화할 수 있는 장점이 있다.

ES5 이전의 자바스크립트는 모듈을 지원하지 않았기에 다양한 방식을 사용해 이를 구현해 왔다. ES6부터 import, export 구문을 활용하면, 한 모듈이 특정 변수를 익스포트(export)하고 다른 모듈이 이를 임포트(import)하여 계층 관계를 만들 수 있다.

ES6 모듈은 개별 .js 파일에 원하는 개수만큼 변수를 익스포트할 수 있다.

모듈 익스포트를 위한 다양한 방법은 다음과 같다.

```
export {val}; // 변수 한 개 익스포트
export {val1, val2, val3}; // 변수 여러 개 익스포트
export {val as myval}; // 해당 변수를 alias로 익스포트한다.
export {val1, val2} from "otherModule"; // 하위모듈에서 해당 익스포트된 변수를
익스포트
export * from "otherModule"; // 하위 모듈에서 익스포트한 모든 변수를 익스포트
```

모듈을 임포트하는 형식은 다음과 같다.

```
import {val, val2} from "myModule"; // 기본 임포트
import {val as myVal} from "myModule"; // 임포트할 변수를 다른 변수로 alias
import * as val from "myModule"; // 변수 전체를 임포트한 뒤 val 변수로 alias
```

▌ 객체 표현식

ES6에서는 더욱 동적이고 간단하게 객체를 생성하고 할당하는 표현식을 제공한다.
만약, 객체의 속성을 변수명과 같은 속성명으로 설정하려면 이를 간단하게 표현할
수 있다.

예를 들어, 다음과 같은 객체가 있다면,

```
const prop1 = "prop1";
const prop2 = "prop2";
const aObj = {
   prop1: prop1,
   prop2: prop2
};
```

다음과 같이 간단하게 설정이 가능하다.

```
const bObj = {
   prop1,
   prop2
};
```

또한, 함수를 정의할 시에 function 키워드를 생략하고 getter 및 setter을 설정하는
것을 get, set 키워드를 통해 간단히 구현할 수 있다. 이는 속성명 앞에 get과 set을
붙여서 이용한다.

```
const aFunc = {
  func() {
    console.log("new function");
  }
  _name: "aFunc",
  get name() {
    return this._name;
  },
  set name(name) {
    this._name = name;
  }
};
```

▌ async, await

callback hell을 벗어나기 위해 프로미스 패턴을 사용하지만, 이 역시 코드가 장황하므로 새롭게 도입된 async, await를 활용하면 비동기 함수를 동기 형태로 코드가 보다 간단해진다.

async 함수에는 await 식이 포함되는데, 이는 async 함수의 실행을 일시 중지하고 전달된 프로미스의 resolve를 기다린 다음, async 함수의 실행을 다시 시작하고 완료 시 값을 반환한다.

```
async function test() {

    let promise = new Promise((resolve, reject) => {
      setTimeout(() => resolve("done"), 1000)
    });

    const result = await promise;
    console.log(result); // done
  }
test();
```

이와 같이 프로미스로 반환한 resolve 결괏값을 await로 받아서, 이를 출력하는 함 함수다. 그리고 await를 구현하는 함수에는 async 키워드를 function 앞에 넣는다.

async-await는 네트워크 리퀘스트(request) 전송 시에 유용하게 사용될 수 있다.

```javascript
function logFetch(url) {
  return fetch(url)
    .then(response => response.text())
    .then(text => {
      console.log(text);
    }).catch(err => {
      console.error('fetch failed', err);
    });
}
```

프로미스를 활용한 네트워크 리퀘스트가 이와 같다면, 이를 async-await 구조로 바 꾸면 다음과 같다.

```javascript
async function logFetch(url) {
  try {
    const response = await fetch(url);
    console.log(await response.text());
  }
  catch (err) {
    console.log('fetch failed', err);
  }
}
```

동기적인 표현으로 fetch 함수에 url 인자를 넘겨 값을 가져오는 방식이 프로미스 보다 가독성이 높다.

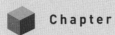
VueJS

▌ VueJS 소개

VueJS는 프론트엔드 자바스크립트 프레임워크로서 Angular, React, Polymer와 같이 현재 많이 사용되는 프레임워크 중에 하나이다. 다른 프레임워크에 비하여 작고 가볍고 사용하기 쉬우며, 컴포넌트 기반으로 재사용이 용이하다.

[그림 2-1] VueJS 공식 페이지 https://vuejs.org/

매년 발표되는 자바스크립트 생태계 통계에서 보면, VueJS는 다음과 같은 특징이 있다고 나온다.

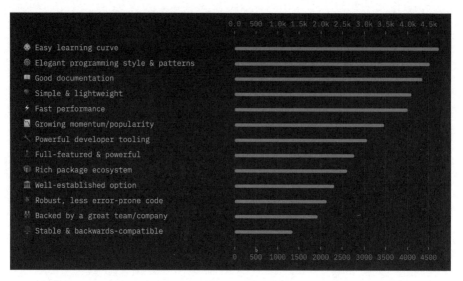

[그림 2-2] 2018 State of Js – VueJS https://2018.stateofjs.com/front-end-frameworks/vuejs/

쉬운 러닝커브와 직관적인 스타일 및 패턴, 양질의 도큐먼트와 단순함, 퍼포먼스 등이 주요 특징이라 할 수 있다.

```
<div id="app">{{ msg }}</div>

let app = new Vue({
    el: "#app",
    data: {
        msg: 'hello'
    }
})
```

이와 같이 간단한 템플릿 구문을 사용해 선언적으로 DOM에 데이터를 렌더링한다.

v-if와 v-for을 활용하면 조건문이나 반복문 형태로 DOM을 활용할 수 있고, 컴포넌트로 분리하여 독립적으로 렌더링할 수 있다.

이제 이에 대해 하나씩 살펴보자. 이 책에서는 모든 VueJS 지식을 학습하지 않으며, 프로젝트 개발에 필요한 부분을 중심으로 살펴보겠다.

▮ 인스턴스 라이프사이클

```
new Vue({
  created() {
    console.log('created')
  },
  mounted(){
    console.log('mounted')
  },
  updated(){
    console.log('updated')
  },
  destroyed(){
    console.log('destroyed')
  }
})
```

Vue 인스턴스는 템플릿을 컴파일하고 인스턴스를 DOM에 마운트하거나 데이터가 변경될 때 라이프사이클 단계를 거치는데, 이 단계에 따른 라이프사이클 훅이 호출된다.

이에 대한 전체 다이어그램은 다음과 같다.

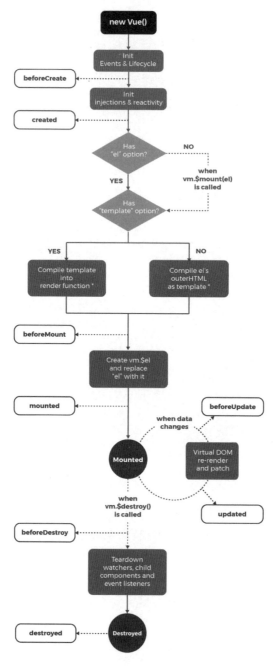

* template compilation is performed ahead-of-time if using
a build step, e.g. single-file components

[그림 2-3] 라이프사이클 다이어그램

▌ 템플릿

Vue 인스턴스에 선언적으로 바인딩할 수 있는 HTML 기반 템플릿(template) 구문을 제공한다. Vue는 이 템플릿을 가상 DOM 렌더링 함수로 컴파일하는데 상태 변경에 따른 DOM을 최소한으로 조작하고 변경 사항을 적용한다.

문자열의 기본 템플릿 구문은 다음과 같다.

```
<div>Message: {{ msg }}</div>
```

Mustache '{{ }}' 태그를 데이터 객체인 msg 속성을 감싸면 이 msg 데이터가 변경될 때마다 이를 갱신한다.

또한, 해당 HTML 태그에 디렉티브(directive)를 활용할 수 있다.

가령, v-if 디렉티브를 사용하면,

```
<span v-if="isShow">Show message</div>
```

isShow가 true 혹은 false이냐에 따라 span 태그의 메시지를 보이거나 안 보이게 할 수 있다.

v-bind 디렉티브는

```
<a v-bind:href="url">Link</a>
```

href의 전달인자인 url을 문자열이 아닌 데이터 객체로 인식하여 이를 바인딩한다.

```
<a :href="url">Link</a>
```

이 표현도 같은 형태이다.

DOM 이벤트 수신을 위한 v-on 디렉티브도 있다.

```
<button v-on:click="clickSomething">Click</button>
<button @click="clickSomething">Click</button>
```

또한, 이벤트 수신에서 다음과 같은 수식어가 자주 쓰인다.

```
<form v-on:submit.prevent="onSubmit"></form>
```

prevent 수식어는 트리거(trigger)된 이벤트에서 event.preventDefault()를 호출하도록 디렉티브에 알려 준다.

■ computed

템플릿 내에 표현식이 길어질 경우, computed 속성을 사용하면 보다 코드를 명료하게 만들 수 있다.

```
<div id="app">
<p>{{message}}</p>
<p>{{ newMessage }}</p>
</div>

new Vue({
   el: '#app',
   data: {
    message: 'hello'
   },
   computed: {
```

```
    newMessage() {
        return this.message.split(' ').reverse().join(' ')
    }
  }
})
```

템플릿의 표현식에서 메서드를 호출하여 같은 결과를 얻을 수 있다. 다만, computed는 결괏값이 캐싱되고 메서드는 렌더링을 다시 할 때마다 함수를 재실행한다.

▎ 조건부 렌더링

v-if와 v-else를 사용하면 조건에 따라 다른 DOM 엘리먼트를 보여 줄 수 있다.

```
<div v-if="isShow">A</div>
<div v-else>B</div>
```

isShow가 true인 경우, A는 보이고 B는 보이지 않는다. 기존 프로그래밍 구문의 if – else 구문과 같이 명시적으로 이용이 가능하다.

혹은 템플릿 태그에 활용하여 템플릿 내부의 엘리먼트에 조건부 렌더링을 사용할 수 있다.

```
<template v-if="isShow">
   <div>A</div>
   <div>B</div>
</template>
```

이 템플릿 태그는 최종 렌더링 시에는 포함되지 않는다.

여러 개의 if 문을 사용하려면 v-else-if를 활용할 수 있다.

```
<div v-if="type == 0">A</div>
<div v-else-if="type == 1">B</div>
<div v-else>C</div>
```

type 변수가 0이냐 1이냐 그 밖에 따라 보여지는 부분이 다르다.

이 v-if와 비슷한 조건부로 v-show가 있는데, 이것의 차이점은 단순히 엘리먼트에 display CSS 속성을 토글한다는 점이다. 따라서 이는 template 구문을 지원하지 않고 엘리먼트가 항상 렌더링되며, DOM에 남아 있다.

```
<div v-show="isShow">Hello</div>
```

▌ 리스트 렌더링

v-for 디렉티브를 사용하여 배열 기반의 리스트 렌더링을 할 수 있다.

```
<ul id="app">
  <li v-for="item in items">
    {{ item.message }}
  </li>
</ul>

new Vue({
  el: "#app",
  data: {
    items: [
      {message: 'Message1'},
      {message: 'Message2'}
    ]
```

```
    }
})
```

v-for 안에는 item in items 형태로 원본 데이터 배열인 items에서 순회하는 각 item을 렌더링한다. 순회하는 배열의 인덱스에 접근하기 위해서는 v-for="(item, index) in items"와 같은 형태로 작성한다.

물론, 자바스크립트의 for..of 구문과 같은 이터레이터(iterator) 형태로 v-for="item of items" 구문도 가능하다.

배열의 v-for은 key와 같이 쓰이는데, 이는 각 항목의 고유한 ID로서, 각 노드의 ID를 추적할 수 있고, 기존 엘리먼트 재사용을 위한 힌트를 제공한다.

```
<div v-for="item in items" :key="item.id">
```

이와 같이 아이템의 유니크한 아이디를 키(key)로 하여 정의한다.

또한, v-for을 사용하여 객체의 속성에 접근할 수 있는데,

```
<ul id="app">
   <li v-for="(value, key) in object">
      {{key}} : {{value}}
   </li>
</ul>

new Vue({
   el: "#app",
   data: {
      object: {
         address: '0x123',
         name: 'will',
         age: 32
      }
```

```
    }
})
```

이와 같이 비슷한 형태로 접근이 가능하다.

▌ v-model

v-model 디렉티브를 사용하면 폼의 input 등의 데이터 엘리먼트에 양방향 데이터 바인딩을 생성할 수 있다.

```
<input v-model="msg">
<p> Message: {{msg}}</p>
```

이와 같이 연동하면 인풋 필드의 msg 데이터에 따라 자동으로 해당 프로퍼티가 연동된다.

```
<select v-model="selected">
    <option>A</option>
    <option>B</option>
    <option>C</option>
</select>
<div>select : {{selected}}</div>
```

셀렉트 옵션에 model 디렉티브를 사용하여 선택한 옵션 값에 따라 selected 데이터 변수가 연동된다.

█ 컴포넌트

컴포넌트는 재사용 가능한 코드를 캡슐화하고 이를 확장할 수 있는 유용한 기능이다.

```
var MyComp = {
   template: '<div>Custom Component</div>'
}

<div id="app">
   <my-comp></my-comp>
</div>

new Vue({
   components: {
      'my-comp': MyComp
   }
})
```

컴포넌트를 components 인스턴스 옵션으로 등록하고 이를 템플릿에 배치한다.

만약 상위 컴포넌트에서 하위 컴포넌트로 데이터를 전달하려면 어떻게 할까?

이는 Props로 데이터를 전달하는데 하위 컴포넌트에서 다음과 같이 구현한다.

```
Vue.component('child', {
   props: ['message'],
   template: '<div>{{message}}</div>'
})
```

상위 컴포넌트에서 해당 컴포넌트로 다음과 같이 전달할 수 있다.

```
<child message="hello"></child>
```

만약, 보내는 프로퍼티가 데이터라면 바인딩을 위한 표현식과 같은 방식으로 구현한다.

```
<input v-model="testMsg">
<child :message="testMsg"></child>
```

반면, 하위 컴포넌트에서 상위 컴포넌트로 데이터를 보내기 위해서는 다른 방식을 사용한다.

```
Vue.component('child', {
  methods: {
    goAction() {
      this.$emit('increment')
    }
  }
}
```

이와 같이 하위 컴포넌트에서 this.$emit('<함수명>')으로 호출하면 상위 컴포넌트에서

```
<child v-on:increment="incrementCount"></child>
```

v-on으로 해당 액션을 리슨(listen)하고 함수를 연동한다.

이것으로 VueJS의 기본적인 학습을 해보았다. 이 밖에 다양한 기능과 추가적인 학습은 다른 장들에서 소개하거나 VueJS 공식 사이트에서 보다 자세히 확인할 수 있다.

블록체인 기본

이번 장에서는 기본적인 블록체인 기술과 앞으로 댑을 개발하기에 앞서 미리 알면 좋을 만한 용어들을 정리한다.

블록체인은 중재자 없이 자율적으로 동작하는 분산 시스템 기술이다. 화폐 거래 내역을 '블록'으로 저장한 후 해당 블록의 해시값(hash value)을 다른 블록에 저장하여 체인 형태로 이루어지도록 만든다.

2008년 사토시 나카모토가 제안한 전자화폐 시스템인 비트코인의 등장 이후 블록체인을 다양한 분야에 응용하려는 연구가 활발하다.

Bitcoin: A Peer-to-Peer Electronic Cash System

Satoshi Nakamoto
satoshin@gmx.com
www.bitcoin.org

Abstract. A purely peer-to-peer version of electronic cash would allow online payments to be sent directly from one party to another without going through a financial institution. Digital signatures provide part of the solution, but the main benefits are lost if a trusted third party is still required to prevent double-spending. We propose a solution to the double-spending problem using a peer-to-peer network. The network timestamps transactions by hashing them into an ongoing chain of hash-based proof-of-work, forming a record that cannot be changed without redoing the proof-of-work. The longest chain not only serves as proof of the sequence of events witnessed, but proof that it came from the largest pool of CPU power. As long as a majority of CPU power is controlled by nodes that are not cooperating to attack the network, they'll generate the longest chain and outpace attackers. The network itself requires minimal structure. Messages are broadcast on a best effort basis, and nodes can leave and rejoin the network at will, accepting the longest proof-of-work chain as proof of what happened while they were gone.

[그림 3-1] 비트코인 백서 https://bitcoin.org/bitcoin.pdf

댑(DApp, Decentralized Application)이란, 탈중앙화 애플리케이션의 약어로서, 블록체인상에 돌아가는 스마트 계약 기반 애플리케이션을 말한다.

주소(address)는 공개키 암호로 암호화폐를 보내고 받는 문자열을 말하며, 지갑(wallet)은 거래에 필요한 개인키를 저장한 공간을 통칭한다.

거래(transaction)는 코인과 토큰 소유권을 포함하는 데이터가 기록되고 작성자의 전자 서명을 적용해 코인 및 토큰의 발행을 증명한다.

컨펌(confirmation)은 거래를 블록에 저장시켜 기존의 거래 내역과 새로운 거래 내역을 검증하는 것을 말한다. 컨펌 횟수가 많을수록 확정한 거래 내역의 신뢰도가 보장된다.

코인(coin)/토큰(token)은 메인넷에서 발행한 암호화폐를 코인이라 하며, 이 블록체인 시스템을 통해 발행한 것을 토큰이라 칭한다.

메인넷(mainnet)/테스트넷(testnet)은 공식적인 프로그램 출시 및 운용하는 메인 네트워크를 메인넷이라 하며, 개발 시에 사용하는 테스트넷이 있다.

▌ 해시 함수

해시 함수란 입력값에 대해 해시를 사용해 다른 값을 출력하는 함수로서, SHA-256, RIPEMD-160 등이 있다. 이때 출력하는 값을 해시값이라 한다.

특징은 일방향 함수로서, 비가역성이 있다. 출력값은 입력값의 길이와 상관없이 고정된 길이를 갖고, 입력값이 다르면 출력값도 다르게 된다.

가령, SHA-256 해시 함수를 통해 논리 데이터 저장 순서를 정의한다.

```
a => sha256 => CA978112CA1BBDCAFAC231B39A23DC4DA786EFF8147C4E72B9807785
AFEE48BB
b => sha256 => 3E23E8160039594A33894F6564E1B1348BBD7A0088D42C4ACB73EEAE
D59C009D
```

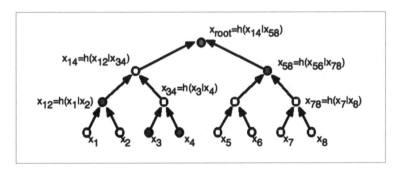

[그림 3-2] 해시 체인

- **해시 트리(hash tree)**: 이진 트리 형태로 나누고 같은 높이에 잎(leaf) 노드가 하나면, 같은 노드를 복사하여 묶는다. 그리고 두 쌍에 대한 해시값을 계산

하고, 이 해시값이 하나만 남을 때까지 반복 계산하고 마지막에 남은 해시값을 해시 루트(hash root)라고 한다.

블록체인은 모든 데이터를 연결한 '블록'으로 노드 전체와 데이터를 공유하고 '해시 트리'를 해시 체인으로 구성해 블록을 만들며, 다음을 만족해야 한다.

1. P2P 네트워크의 모든 노드가 항상 최신 타임스탬프(time stamp)를 확인할 수 있어야 한다.
2. 어떤 노드에서 과거 데이터를 조작했음을 확인하거나 이를 막을 수 있어야 한다.

▌어드레스

비트코인 어드레스는 일반적으로 공개키의 해시값으로 만든다.

SHA-256으로 공개키의 해시값 〉〉 이 해시값에 대해 RIPEMD-160으로 해시값 만듦 〉〉 이 해시값을 Base58Check로 인코딩

Base58Check 인코딩은 구분하기 어려운 문자열(0/O, 1/I) 및 +와 /를 제외한 기호를 사용하는 Base64 인코딩과 유사한 인코딩 방식이다.

▌디지털 서명

디지털 서명이란, 공개키 암호를 응용하여 전송받은 데이터의 송신자를 검증하거나 전송 과정에서 변조되지 않았는지를 확인하는 기술이다.

여기서 공개키 암호는 비밀키와 공개키라는 한 쌍의 키에 기반을 둔다. 공개키는 모두에게 공개하고 비밀키는 자신만 갖게 된다.

송신자의 비밀키로 만든 데이터의 해시값이 수신자가 갖고 있는 공개키로 복호화한 해시값과 일치하는지를 통해, 공개키와 짝을 이루는 비밀키를 가진 사람이 데이터를 보냈음을 신뢰한다. 이 해시값의 일치를 통해 데이터가 변조되지 않음을 확인한다.

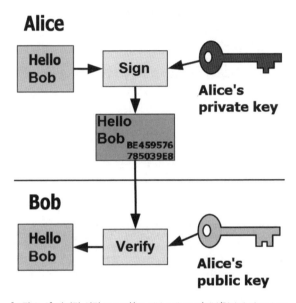

[그림 3-3] 디지털 서명 https://en.wikipedia.org/wiki/Digital_signature

▌ 비트코인 거래

P2P 노드는 네트워크상의 전체 노드와 연결된 것이 아니고 노드 간에 전파가 이루어지므로, 적어도 하나의 노드에는 전파해야 한다.

거래를 전달받은 노드는 거래가 특정한 조건을 만족하는지 검증한 다음, 만족하면 거래를 전달한 노드에 성공 메시지를 보내고 다른 노드에 이를 전파한다.

이에 따라 유효하지 않은 거래를 대량으로 전송하여 네트워크 전체를 마비시키는 서비스 거부(Dos, Denial of Service) 공격은 불가하게 된다.

거래는 최종적으로 채굴자에 의해 검증받은 후, 블록에 저장된다.

여기서 채굴(mining)은 채굴자가 계산적인 방법으로 최근의 트랜잭션 이력인 블록을 블록체인에 최신 블록으로 만드는 작업이다. 이 시점에서 소유권이 변경되며, 새로운 소유자가 이 거래를 통해 이동한 비트코인을 사용할 수 있다.

거래 A = 입력 (1.0001 BTC) 》 출력(앨리스 (1.0BTC(미사용) + 0.0001BTC 수수료)

입력은 과거 거래의 출력으로 송금 대상의 소유권을 나타낸다. 앨리스의 미사용이 블록에 저장되면 상태가 (이미 사용됨)으로 바뀐다. 그리고 수수료는 채굴자의 소유가 된다.

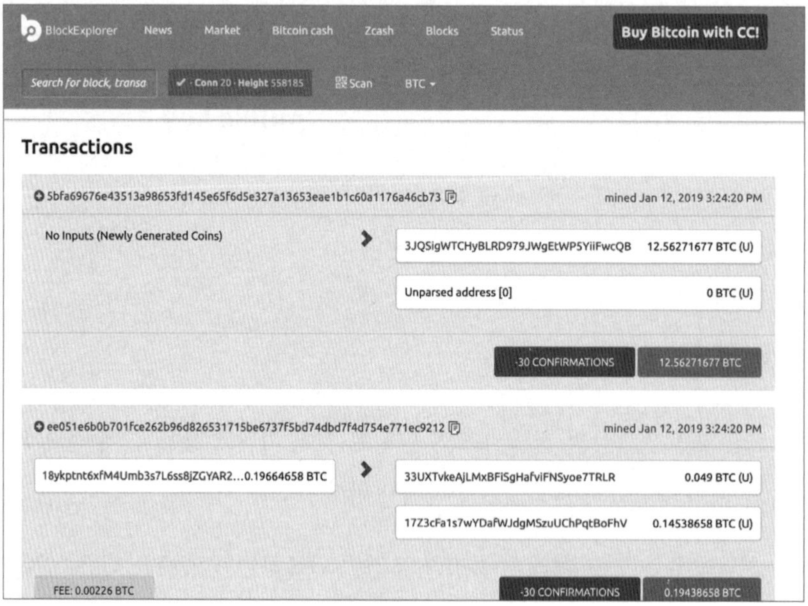

[그림 3-4] 블록 익스플로러

비트코인 네트워크에서 발생한 모든 거래는 블록 익스플로러 홈페이지 (https://blockexplorer.com/)에서 확인할 수 있다.

▌ 블록 구조

기본적인 비트코인의 블록 구조는 다음과 같다.

(블록의 구조 : 필드 / 필드 크기(바이트) / 설명)

block size : 4 : 다음 필드부터 블록 끝까지의 데이터 크기

block header : 80 : 블록 헤더 정보

transaction counter : 1~9 : 블록에 포함된 거래의 수

transactions : 가변적 : 거래의 목록

(블록 헤더의 구조)

version : 4 : 소프트웨어 혹은 프로토콜 버전 정보

previous block hash : 32 : 부모 블록의 해시값

merkle root : 32 : 머클 트리 루트의 해시값

timestamp : 4 : 블록 생성 시간

difficulty target :4 : 블록 생성 시 PoW 난이도

nonce : 4 : Pow에서 사용하는 카운터

블록 해시는 블록 헤더를 sha-256 해시 함수로 두 번 해시한 것을 말한다.

block height는 연결된 블록의 높이이며, 블록 높이가 0이면 제네시스 블록이라고 말한다.

▌머클 트리

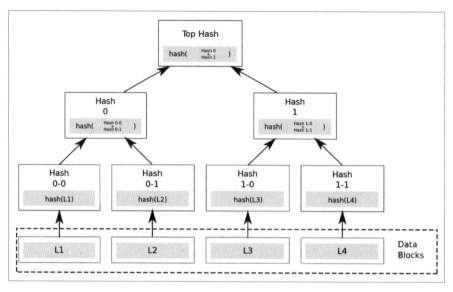

[그림 3-5] 머클 트리(https://en.wikipedia.org/wiki/Merkle_tree)

거래가 블록에 포함되는 검증하기 위해 머클 트리(merkle tree)를 이용해서 특정한 잎 노드가 존재하는지 증명하는 머클 경로(merkle path)를 만든다.

▌작업 증명 알고리즘

비트코인은 암호화 해시 함수의 특정 해시값 이하인 입력값(논스) 찾기를 작업 증명 (PoW, Proof of Work) 알고리즘으로 삼는다.

논스(nonce)를 증가시키면서 블록의 해시값이 타깃 이하인 논스를 찾는 것이다.

SHA-256을 두 번 연산하여 작업 증명 알고리즘으로 사용하는데, 이를 올바르게 풀었을 때 보상으로 새 블록을 생성하여 비트코인을 받는 것을 '채굴(mining)'이라 한다.

비트코인은 평균 10분에 1회 정도 새 블록을 생성하도록 타깃을 조정하고, 최근 2016 블록의 타깃을 검토해 블록 생성 시간이 2016×10분보다 빠르면 논스를 찾기 어렵게 블록 간격을 조정하고, 만약 늦으면 논스를 찾기 쉽게 블록 간격(난이도)을 조정한다.

이 블록 하나의 용량은 1MB 이하로 설정하고 블록의 해시값 계산이 끝났을 때, 유닉스(unix) 타임스탬프를 설정한다.

더블 스펜딩(double spending)을 막기 위해 블록 높이가 같은 블록에 서로 다른 정보가 있으면 작업 증명 알고리즘의 난이도가 높은 블록을 선택해 전달한다. 블록 높이가 다른 블록이면 긴 체인의 정보를 선택해 전달한다.

51% 공격은 PoW에서 특정 개인이나 그룹이 비트코인 네트워크 연산량의 51%를 통제하면 부정한 이중지불이나 고의로 블록체인을 포크(fork)하는 일이 가능해진다. 가령, 연산능력을 악용하여 체인 a보다 긴 체인 b를 만드는 것이다.

▌ UTXO

이더리움의 경우 어카운트 기반으로 계좌 잔액을 송금 요청대로 업데이트하거나 롤백(rollback)한다. 이는 계좌 업데이트가 실패하면 돈이 없어지는 단점이 있다.

이에 반해 비트코인의 경우 트랜잭션 기반으로서, 원하는 금액을 자유롭게 송금하고 거스름돈을 받는 자료 구조이다. 이 송금 과정에 장애가 발생해도 잔액을 안전하게 유지하는 장점이 있다.

UTXO(Unspent Transaction Output)란, 사용하지 않은 거래 출력을 말하며, 거래 전에 자신이 소유한 암호화폐 금액을 나타내는 단위이다. 해당 UTXO를 다른 이에게 받거나 보내서 거래를 진행한다.

다른 사람에게 일정량의 암호화폐를 받을 때 생성되는데 그 금액 그대로 UTXO에 저장된다. 예를 들어, 1BTC와 2BTC를 받으면 이를 한 번에 묶는 것이 아니라 각각을 UTXO로 저장한다.

UTXO 안의 일부 금액을 송금할 때는 새 UTXO를 생성하고 기존 UTXO를 파기한다. 예를 들어, 3BTC가 있는 UTXO에서 2BTC를 다른 이에게 송금하면 2BTC가 있는 UTXO와 1BTC가 있는 UTXO를 생성하고, 3BTC가 있는 UTXO는 파기된다.

비트코인은 새 블록을 생성한 채굴자에게만 보상으로 첫 번째 인덱스에 들어가는 UTXO를 발행하는데 이를 '코인베이스(coinbase) 거래'라고 한다. 과거 거래 내역이 없고 앞으로 거래하는 내역을 저장하는 것이다.

채굴자는 자신이 소유한 UTXO에 거래가 발생했을 때 일정 금액을 수수료로 받는다.

거래자가 수수료를 높게 책정하면 채굴자가 가져가는 수익이 그만큼 커지므로 작업 중인 블록에 UTXO를 저장시킬 가능성이 커져서 거래 성립이 빨라진다.

▮ 지갑

거래에 사용하는 비밀키를 저장하는 용도로 사용되는 지갑은 핫 월렛(hot-Wallet)과 콜드 월렛(cold-Wallet)의 두 가지 타입이 있다.

핫 월렛은 온라인 거래소와 같은 곳에 보관하는데 편의성이 높지만 중앙화되어 있으므로 도난의 위험이 있다. 데스크톱 지갑이나 모바일 지갑, 웹 지갑 등이 있으며, 대표적으로 메타마스크(Metamask), 마이이더월렛(MyEtherWallet), 스캐터(Scatter) 등이 있다.

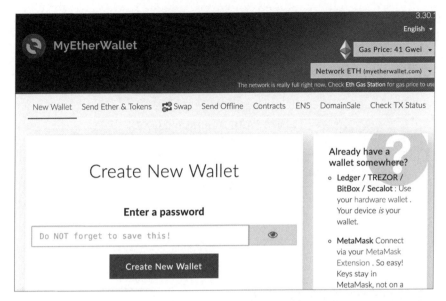

[그림 3-6] 마이이더월렛(https://www.myetherwallet.com/)

콜드 월렛은 오프라인에 보관하는 지갑으로서, 편의성은 낮지만 도난 위험이 낮다. 종이 지갑, 하드웨어 지갑 등을 말하며, 종이 지갑은 비밀키 문자열이나 QR 코드를 종이 형태로 출력한다. 이는 오래 보관하기 좋은데, 보통 남이 볼 수 없도록 금고에 보관하는 것이 좋다.

하드웨어 지갑은 트레저(Trezor), 레저 나노(Ledger Nano)와 같은 하드웨어 기기가 있는데, PC나 스마트폰에 기기와 연결 후에 전용 애플리케이션으로 비밀키를 거래할 수 있다.

[그림 3-7] 레저 나노 S

HD(Hierarchical Deterministic) 월렛은 거래할 때마다 새 비밀키를 자동으로 생성하고 관리한다. 이는 니모닉(mneumonic) 코드와 같은 문장의 단어 형태로 여러 개의 비밀키를 생성하는 방법을 표준화한다.

Twelve word mnemonic code:

```
army van defense carry jealous true
garbage claim echo media make crunch
```

[그림 3-8] 니모닉(mneumonic) 예제

블록체인의 기술적 과제

확장성 문제를 해결하기 위해 다양한 블록체인의 솔루션들이 등장하였다. 여기서는 대표적으로 이더리움 진영의 솔루션을 제시한다면, 크게 플라즈마, 샤딩, 사이드 체인 기술이 있다.

- **플라즈마(Plasma)**: 이더리움의 스마트 계약을 확장해서 하나의 네트워크에서 실행할 수 있게 만드는 프로젝트이다. 플라즈마 블록체인의 자식 블록체인을 여러 개 생성해 분산 처리하는 방법으로 시스템 처리량을 향상시킨다. 스마트 계약을 분산시키려고 구글의 맵리듀스(MapReduce) 알고리즘을 사용한다. 2018년 3월에는 플라즈마 기반으로 거래소 해킹을 막는 확장성 기술인 플라즈마 캐시를 발표하였다.
- **샤딩(Sharding)**: 데이터를 여러 그룹으로 분할해서 관리하는 방식으로 확장성을 부여한다. 라이트닝 네트워크나 플라즈마가 기존 블록체인 외부에 새 계층을 만드는 기술이라면 샤딩은 블록체인 자료 구조 자체를 바꿔서 분산 처리를 한다. 키값 저장소 기반의 분산 데이터베이스에서 나온 아이디어로

서, 이더리움의 블록체인은 계정의 상태 정보를 샤딩으로 분할한 후 거래를 샤딩으로 처리한다는 계획이다.

- **사이드 체인(Side Chain)**: 특정 스마트 계약을 실행하도록 만들어 스마트 계약을 분산 처리하는 방식으로 활용하여 확장성을 부여한다.

Chapter ─────────────────────────────────── **4**

이더리움과 솔리디티

이더리움은 2015년 비탈릭 부테린(Vitalik Buterin)이 개발한 튜링 컴플리트(Turing Complete)한 프로그래밍 언어 기반의 애플리케이션 개발 플랫폼이다.

이더(ether)라는 화폐 단위를 매개체로 애플리케이션을 개발 및 실행하고, 블록체인 네트워크에서 탈중앙화 애플리케이션을 실행 가능한 스크립트 언어를 제공한다. 특정 조건의 처리를 사전에 설정할 수 있는 '스마트 계약(smart contract)'을 구현하는 데 적합하다.

[그림 4-1] 이더리움 공식 페이지(https://www.ethereum.org/)

웹 브라우저를 통해 이 P2P 네트워크 중 하나에 접근하는데, 이는 web3.js와 같은 라이브러리를 사용하고, 이 자바스크립트 API를 통해 프론트엔드 애플리케이션을 블록체인으로 연결한다.

여기서 컨트랙트를 직접 접근하는 것이 아니라 계약 ABI(Application Binary Interface)에 접근하는데, 이는 애플리케이션이 스마트 계약을 호출하기 위한 표준 문법이라고 할 수 있다. ABI를 통해 스마트 계약으로부터 해당 계약에 대한 함수 목록 배열 등을 반환받을 수 있다.

스마트 계약은 계약 내역을 자동으로 실행한다. 예를 들어, 잔액이 일정 액수 이하면 해당 액션을 자동으로 실행하는 서비스이다.

현재 이더리움은 합의 알고리즘을 작업 증명(PoW)에서 지분 증명(PoS, Proof of Stake)으로 전환하는 것을 목표로 하고 있다.

합의(컨센서스) 알고리즘은 분산 시스템의 모든 프로세스가 같은 결괏값을 결정하는 과정을 합의한다. 이는 시스템에서 발생하는 에러를 막고 무결성을 보장한다. 블록의 소유권과 생성 순서를 결정하는 합의 알고리즘을 사용하는 것이다.

가스

애플리케이션을 실행하는 연료로서의 비용을 '가스(gas)'라고 한다.

네트워크에 속한 노드에 연산을 시키기 위하여 노드에 주는 연료를 수수료로 사용한다. 가스 가격(gas price)과 가스 제한(gas limit)을 설정하여 거래를 실행하는데, '가스 가격×가스 제한'이 지급할 수 있는 가스의 상한이다.

스마트 계약을 컴파일하면 연산코드(OPCODE)로 이루어진 바이트코드가 된다. 이 연산코드에 따라 가스의 양이 정해지고, 처리하는 내용이 많을수록 가스의 양이 늘어난다.

거래를 발행할 때 가스 제한 파라미터를 정하는데, 이 값으로 가스의 최대 소비량을 설정할 수 있다. 이에 따라 과다한 수수료 지출을 방지한다. 보안에서도 공격자가 무한 루프를 일으키는 거래를 발행하는 서비스 공격을 막을 수 있다. 이는 소비한 가스가 가스 한도에 도달하면 처리는 이전 상태로 롤백되지만, 가스는 소비되는 구조이다.

한편, 화폐 단위의 최소 단위는 '웨이(wei)'이다. 이는 자주 사용되므로 기억해 둘 필요가 있다.

계정 구조

- EOA(Externally Owned Account): 사용자가 갖는 계정 어드레스, 연결된 잔액과 개인키가 있다. 트랜잭션의 전송 기능이 있으며, 계정의 개인키로 제어된다.
- CA(Contract Account): 계약과 연결된 계정. EOA와 마찬가지로 어드레스가 있고 연결된 잔액이 있다. EOA에서 거래가 거쳐 만들어지고 EOA가 발신

하는 거래가 '트리거(trigger)'되어 계약 코드를 실행한다. CA에서 다른 CA
를 생성하거나 코드 실행이 가능하다. EOA와 달리 EVM에 배포하고 나면
소유자가 없으며 개인키도 없다.

이더리움은 블록 크기에 제한이 없다. 블록 크기가 엄청나게 커지는 것을 막기 위해
계정 정보와 이더 잔액 정보는 상태 트리에 저장한다. 상태 트리는 블록 외부에 보관
하고 각 블록에는 상태 트리의 루트 노드 값을 저장한다. 이는 블록에 저장한 거래를
기반으로 생성한다.

각 계정 상태를 상태 트리의 각 노드에 넣고 노드의 계정 주소(키)들로 해시값을 계
산하여 상태 트리의 루트 노드값을 구한다. 상태가 바뀌면 루트 노드값이 변하므로
데이터 조작을 바로 확인할 수 있다. 특히, 이더리움은 패트리샤 트리(patricia tree)
를 사용한다. 이는 분기한 노드 검색을 문자가 아닌 문자열로 다룬다.

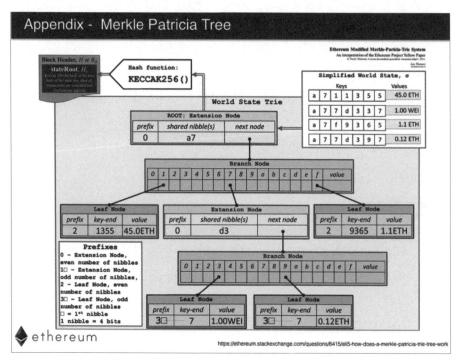

[그림 4-2] 머클 패트리샤 트리

잔액 방식을 확인하기 위해 송금 내역을 블록에 거래로 저장한 후, 계정 정보를 담은 상태 트리를 만들어 잔액을 표시한다.

UTXO의 장점은 다수를 보유했을 때 병렬로 거래가 쉽다는 점이지만, 단점은 잔액 확인 구조가 복잡하다는 것이다. 왜냐하면 블록에서 소유한 UTXO를 모두 찾아 합을 계산해야 하기 때문이다.

반면에, 이더리움 어카운트 구조는 계정 정보를 별도의 자료 구조로 분리해 빠른 검색이 가능하다. 단점은 계정 상태 변경 시에 선입선출(FIFO, First In First Out) 방식으로 작업을 실행해야 한다는 점이다. 계정 상태는 유일해야 하므로 여러 프로세스에서 동시에 상태를 조작하는 병렬 처리는 문제 발생 가능성이 있다. 이를 위해 이더리움은 블록 생성 속도와 거래 속도를 비트코인보다 빠르게 처리하는 구조를 만들어 단점을 보완한다.

▌블록 생성 및 선택

블록 생성 속도로서 비트코인은 약 10분에 1회 정도이며, 최소 6블록은 되어야 거래가 확정된다고 본다. 이더리움의 경우, 블록 생성 속도는 약 10~15초 정도이다.

여기서 블록 생성 속도가 빠르면 채굴자가 동시에 블록을 생성할 확률이 높아지는 문제가 있다. 여러 블록이 생성된 것 중 하나를 선택해야 하므로 수수료를 받을 수 없는 엉클 블록(uncle block)이 생성되는 것이다.

이더리움은 채굴자의 블록이 엉클 블록이라도 보상을 줘서 이 문제를 해결했다. 이는 단지 채굴 풀(mining pool)과 같은 채굴 속도가 빠른 곳이 보상을 독식하는 것을 방지한다.

이더리움 블록 선택을 위해 블록 높이가 같은 여러 개 블록 중에 각 체인에 묶인 블록들의 생성 난이도 전체를 더한 결과가 가장 높은 체인을 메인 체인으로 선택한다.

▌EVM

EVM은 이더리움 가상 머신(Ethereum Virtual Machine)을 말한다. 네트워크의 각 노드에서 모든 트랜잭션이 상대적으로 로컬에서 동기화되어 실행되는 많은 컴퓨터로 구성된 가상 머신이기도 하다.

애플리케이션을 실행하는 튜링 완전한 가상 머신으로서, 스마트 계약은 코드 작성 후 EVM에서 실행할 수 있는 상태로 이더리움 블록체인에 배포한다.

외부 계정에서 계약을 만들 때나 계약 내부 함수를 호출할 때와 암호화폐를 송금할 때 거래가 발생한다. 거래와 메시지는 계정에 있는 잔액, 상태 트리, 저장소 트리를 변경하게 된다. EVM에서 이 컨트랙트 바이트 코드를 OPCODE로 치환하여 실행한다.

▌네트워크 유형

- 퍼블릭 네트워크:
    ① 이더를 통해 다른 가상 통화와 교환.
    ② https://etherscan.io에서 블록 및 거래 내용 확인

- 프라이빗 네트워크:
    ① 독자적으로 구축할 수 있는 네트워크 유형.
    ② 로컬 환경 구축 가능.
    ③ 프라이빗 네트워크 안에서는 마이닝이 쉽다.

- 테스트 네트워크:
    ① 프라이빗 네트워크와 비슷하나 참여자가 많다. 개발자들이 메인넷 런칭 전에 테스트를 위해 사용하는 네트워크로서, ropsten, kovan, rinkeby

테스트넷이 있다.

② Ropsten의 경우, https://ropsten.etherscan.io에서 블록 및 거래 내용 확인이 가능하다.

▌계정과 연결된 정보

- **논스(nonce)**: EOA에서 거래 발행 시 1 증가. CA에서 계약 생성 시 1 증가
- **스토리지 루트(storage root)**: 계정과 연결된 스토리지의 패트리샤 트리의 루트 노드
- **코드 해시(code hash)**: 스마트 계약의 프로그램에 대한 해시값.

스토리지 루트의 패트리샤 트리는 트리 구조를 갖는 데이터 구조의 한 종류이다. 각 계정과 연결된 상태는 블록 안에 포함된 스토리지 영역에 저장한다. 이 정보가 패트리샤 트리로 관리된다. 그리고 이 트리 노드에 상태가 저장된다.

구체적으로, 전역 상태 트라이(world state trie)에 모든 계정의 정보를 포함한다. 거래는 트랜잭션 루트, 거래 영수증은 영수증 루트(receipt root)로 패트리샤 트리에 저장된다.

▌거래

거래와 메시지는 잔액이나 스마트 계약의 상태를 업데이트할 때 발행된다.

메시지는 하나의 스마트 계약에서 다른 스마트 계약으로 전달되는 데이터 덩어리로서, EVM에 존재한다. EVM에서 계약을 실행하면 메시지가 전송되고, OPCODE로 CALL 또는 DELEGATECALL이 실행된다.

트랜잭션은 암호화 서명된 데이터 패키지로서 메시지를 전달하는데, 수신자 주소로 발신자를 식별하는 서명과 함께 전송 금액을 전달한다. 이에 따른 가스도 함께 보내어 트랜잭션 시에 차감된다.

트랜잭션 기록의 조회는 이더스캔(http://etherscan.io)에서 확인할 수 있다. 메인넷과 테스트넷 등의 모든 트랜잭션을 기록하고 이는 공개적으로 조회할 수 있다. 이를 통해 하나의 계정에서 다른 계정으로 자금이 이동하는 것을 추적하기 쉽다.

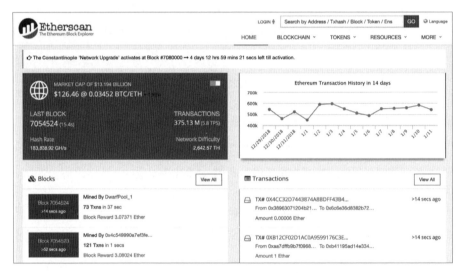

[그림 4-3] 이더스캔

▌ 오라클

스마트 계약은 블록체인 외부 정보를 얻을 수 없다. 계약을 실행하는 EVM은 블록체인 외부와 차단된 상태이므로 외부 정보를 얻는다는 것은 그에 따른 안전과 신뢰성을 보장한다는 것이다.

그리고 오라클(Oracle)은 블록체인 외부의 정보를 계약에 가져오는 개념을 뜻하기도 한다.

오라클라이즈(Oraclize)는 블록체인과 외부 API를 연결하는 데이터 전송 수단으로서, 특정 시점에 특정 서버가 제공한 데이터라는 사실을 보장하는 TLSNotary 암호화 인증서를 사용한다.

▌ 이더리움 개발 클라이언트

- **가나슈(Ganache)**: 이더리움 기반 블록체인 댑 개발에 사용하는 개인용 블록체인이다.

    GUI에서 블록체인 관련 계정 잔액, 계약 생성, 가스 사용 등 세부 정보를 확인할 수 있다. 거래할 때 자동으로 채굴하게 만들 수 있고, 블록 생성 시점도 초단위로 조정할 수 있다.

[그림 4-4] 가나슈

- **리믹스(Remix)**: 리믹스는 브라우저용 IDE로서, 솔리디티(solidity)를 실행할 수 있는 통합 개발 환경이다.

  http://remix.ethereum.org에 접속할 수 있다.

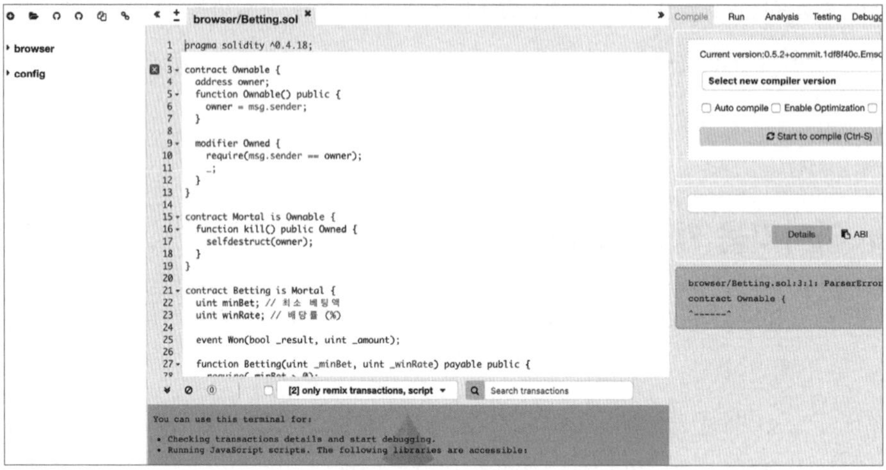

[그림 4-5] 리믹스

▌ 오픈제플린(OpenZeppelin)

솔리디티에서 안전한 스마트 계약을 개발할 수 있도록 지원하는 라이브러리로서, ERC20 호환 토큰, ICO, 소유권 등을 개발할 때 필요한 템플릿 등을 제공한다.

https://openzeppelin.org/에서 자세한 내용을 확인할 수 있다.

▌ 데이터 저장공간

데이터를 저장하기 위해서 탈중앙화 솔루션을 사용하기 위한 분산데이터 저장소로 스웜과 IPFS가 있다.

- **스웜(Swarm):** 데이터를 저장할 때 해시값을 생성한 후 이를 반환한다. 해시값으로 해당 데이터를 접근하고, 호스트 하나에 문제가 발생하더라도 서비스나 작업을 중단하지 않는다. 또한, 데이터가 조금이라도 변경되면 다른 해시값을 생성한다.
- **IPFS:** P2P 방식의 분산 파일 저장공간으로서, 한 번 저장되면 데이터를 조작할 수 없다. 또한, 응답속도를 보장하지 않는다.

▌ 게스 콘솔 실습

게스(Geth) 클라이언트 콘솔로 이더리움 노드와 통신하는 실습을 해보자.

(1) 게스 설치

https://geth.ethereum.org/downloads/이 링크로 들어가 플랫폼에 맞는 게스를 설치한다.

[그림 4-6] 게스 공식 페이지

(2) 게스 시작

다음을 실행하여 게스 콘솔을 시작한다.

```
$ geth --datadir="~/geth/private_data" --dev console
```

게스의 주요 옵션은 다음과 같다.

- **--nodiscover**: 동일한 제네시스 파일과 네트워크 id를 가진 사람이 체인에 연결하는 상황 방지
- **--rpcapi**: rpc를 활성해 rpc를 통해 접근할 수 있는 다양한 web3.js API를 사용하기 위한 옵션
- **--rpcport**: 게스의 포트를 설정
- **--rpccorsdomain**: 이 플래그를 사용해 노드에 연결하고 rpc 호출을 할 수 있는 서버의 도메인을 지정
- **--datadir**: 커스텀 데이터 디렉터리 지정
- **--dev**: 개발용 네트워크로서 테스트에 용이

콘솔에 들어가 먼저 계정을 생성해 보자.

```
> personal.newAccount("password")
이는 새로 생성된 EOA 어드레스를 출력한다.
   >> "0xee8aac077c508f1c27e5cbd578f923887a5e80a7"

> eth.accounts
계정 리스트를 확인한다.
   >> ["0xee8aac077c508f1c27e5cbd578f923887a5e80a7"]

> eth.accounts[0]
인덱스로 특정 요소에 접근할 수 있다.
   >> "0xee8aac077c508f1c27e5cbd578f923887a5e80a7"

> eth.coinbase
```

마이닝에 사용할 코인베이스 계정을 확인한다. 코인베이스 계정 주소는 블록을 생성하려고 채굴했을 때 받는 계정 주소이다. 여기서 기본값으로 인덱스가 0인 계정이 사용된다.

```
>> "0xee8aac077c508f1c27e5cbd578f923887a5e80a7"
```

```
>eth.getBlock(0)
```
getBlock() 명령을 통해 제네시스 블록 내용을 확인한다.

```
> eth.getBlock(0)
{
  difficulty: 16384,
  extraData: "0x",
  gasLimit: 2147483648,
  gasUsed: 0,
  hash: "0xff6d03da469c4ab2d117807513929e36f08afa62f0897481b350f0106607e436",
  logsBloom: "0x000000000000000000000000000000000000000000000000000000000000000000000000000000000000000000000000000000000000000000000000000000000000000000000000000000000000000000000000000000000000000000000000000000000000000000000000000000000000000000000000000000000000000000000000000000000000000000000000000000000000000000000000000000000000000000000000000000000000000000000000000000000000000000000000000000000000000000000000000000000000000000000000000000000000000000000000000000000000000000",
  miner: "0x0000000000000000000000000000000000000000",
  mixHash: "0x0000000000000000000000000000000000000000000000000000000000000000",
  nonce: "0x0000000000000000",
  number: 0,
  parentHash: "0x0000000000000000000000000000000000000000000000000000000000000000",
  receiptsRoot: "0x56e81f171bcc55a6ff8345e692c0f86e5b48e01b996cadc001622fb5e363b421",
  sha3Uncles: "0x1dcc4de8dec75d7aab85b567b6ccd41ad312451b948a7413f0a142fd40d49347",
  size: 507,
  stateRoot: "0x56e81f171bcc55a6ff8345e692c0f86e5b48e01b996cadc001622fb5e363b421",
  timestamp: 0,
  totalDifficulty: 16384,
  transactions: [],
  transactionsRoot: "0x56e81f171bcc55a6ff8345e692c0f86e5b48e01b996cadc001622fb5e363b421",
  uncles: []
}
```

[그림 4-7] 제네시스 블록(Genesis Block)

```
> miner.start(1)
```
마이닝 시작을 위한 명령어로서, 인자로 마이닝에 쓰일 스레드 수를 설정한다. 'null'이나 'true'가 출력되면 정상적으로 시작된 것이다.

```
> eth.mining
```
마이닝 상태를 확인한다.

```
>> true
```

```
> web3.fromWei(eth.getBalance(eth.accounts[0]), "ether")
```
eth.getBalance의 함수 인자로 계정 어드레스를 지정하면 해당 계정의 잔액을 확인한다.

이 출력 결과 단위는 wei이므로 web3.fromWei 함수를 이용해 결과를 이더 단위로 변환한다. 0보다 크면 마이닝이 잘 진행되고 있다는 것이다.

▌송금하기

```
>personal.newAccount("password")
   새 어카운트를 생성하자.
   >>"0x8934e670f06334515761c2407b5a11502525e99e"

송금을 위해 sendTransaction 함수를 사용하여 진행한다.
>eth.sendTransaction({from: eth.accounts[0], to: eth.accounts[1],
value: web3.toWei(0.1, "ether")})

Error: authentication needed: password or unlock
만약, 이와 같은 에러가 발생하면 이는 eth.accounts[0]의 잠금을 해제하지 않았으므로 발
생한 에러이다.

> personal.unlockAccount(eth.accounts[0])
이와 같이 잠금 해제를 한다. 그러면 비밀번호를 입력해야 하는데 계정을 만들 때 입력했던 비밀
번호를 입력한다.


다시, 앞서 명령을 다시 수행하면 결괏값으로 16진수로 된 거래 해시가 출력된다.
   >> "0x4ba53a99005101b8f81434035e0d6108f7b5b0a43b4ff49aa87ed8ece0
   7d7b67"


>eth.getTransaction("0x…")
거래 해시를 넣고 거래 내용을 확인한다. 만약, blockNumber가 null 이면 아직 블록에 저
장되지 않은 상태인데 이는 거래 확정이 안 된 것이다.

   >>
{
 blockHash: "0x20306e800d326003654df81893dadd5fc24860f590695cad81b7cb
 f9dea0f481",
 blockNumber: 2,
 from: "0xee8aac077c508f1c27e5cbd578f923887a5e80a7",
```

```
    gas: 90000,
    gasPrice: 1,
    hash: "0x4ba53a99005101b8f81434035e0d6108f7b5b0a43b4ff49aa87ed8ece07
    d7b67",
    input: "0x",
    nonce: 1,
    r: "0xc818a73816171ab9acc21a99a92a7305ecb20dac25b291b9b3a41cc520878
    dc6",
    s: "0x661c15e04e2306fed00a1be344dc4ea7342e37d0df5ba85060d84297d5
    8c0297",
    to: "0x8934e670f06334515761c2407b5a11502525e99e",
    transactionIndex: 0,
    v: "0xa95",
    value: 100000000000000000
}


  >eth.getTransactionReceipt("0x…")
  거래 영수증을 확인해 본다.

>>
{
    blockHash: "0x20306e800d326003654df81893dadd5fc24860f590695cad81b7cb
    f9dea0f481",
    blockNumber: 2,
    contractAddress: null,
    cumulativeGasUsed: 21000,
    from: "0xee8aac077c508f1c27e5cbd578f923887a5e80a7",
    gasUsed: 21000,
    logs: [],
    logsBloom: "0x0000000000000000000000000000000000000000000000000000000
    00000000000000000000000000000000000000000000000000000000000000000000
    00000000000000000000000000000000000000000000000000000000000000000000
    00000000000000000000000000000000000000000000000000000000000000000000
    00000000000000000000000000000000000000000000000000000000000000000000
    00000000000000000000000000000000000000000000000000000000000000000000
    0000000000000000000000000000000000000000000000000000000000000000",
    status: "0x1",
    to: "0x8934e670f06334515761c2407b5a11502525e99e",
```

```
    transactionHash: "0x4ba53a99005101b8f81434035e0d6108f7b5b0a43b4ff49a
    a87ed8ece07d7b67",
    transactionIndex: 0
}

    > web3.fromWei(eth.getBalance(eth.accounts[1]), "ether")
    전송된 계정 잔액을 확인한다.
        >> 0.1

    >web3.fromWei(eth.getBalance(eth.accounts[1], 2), "ether")
    또한, 블록 높이 시점을 기준으로도 잔액을 확인할 수 있다.
        >> 0.1

    >miner.stop()
    채굴을 종료한다.
        >>true

    > exit
    게스를 최종 종료한다.
```

eth, personal, miner로 시작하는 명령어는 web3 객체에 포함되어 있으므로 정확히 말하면, web3.eth, web3.personal, web3.miner로 시작하는 명령이지만 이를 생략할 수 있다.

▌ 솔리디티 데이터와 타입

솔리디티는 C 언어와 자바스크립트와 유사한 고수준의 스마트 계약용 언어로서, 작성된 스마트 계약을 EVM 바이트코드로 컴파일할 수 있다. 현재 이더리움 스마트 계약 개발의 주된 언어이기도 하다.

솔리디티를 학습하기 위한 기본 데이터와 타입에 대해 알아보겠다.

솔리디티는 다른 언어처럼 '값'과 '참조' 타입이 있다.

(1) 정수 타입

부호가 있거나 없는 정수이다. 이는 int와 uint 접두어에 8의 배수를 붙여 선언한다.

int, uint만 선언할 경우, int256, uint256을 선언한 것이다.

부호 있는 정수: int8, int16, int24 … int256

부호 없는 정수: uint8, uint16 … uint256

비교 연산자: ⟨=, ⟨, ==, != ,⟩=, ⟩

비트 연산자: &(AND), |(OR), ^(XOR), ~(NOT)

산술 연산자: +, −, *, /, %, **(지수 연산), ⟨⟨(왼쪽 시프트 연산), ⟩⟩ (오른쪽 시프트 연산)

---

(2) 논리 타입

NOT: !

AND: &&

OR: ||

EQUAL: ==

NOT EQUAL: !=

---

(3) 주소 타입

주소 타입(address)는 20바이트의 값을 저장한 것으로서, 정수 타입의 비교 연산자를 사용할 수 있다. 초깃값은 0×0이다.

멤버 함수는 다음과 같다.

balance: 계정 주소에 있는 이더를 wei로 리턴

transfer: 이더 송금

send: 이더 송금, 송금하지 못하면 false 리턴

call: 이더 송금, 송금하지 못하면 false 리턴, 가스양을 조정할 수 있다.

delegatecall: 다른 계약을 호출하는 메서드

(4) 바이트 배열 타입

바이트 배열은 bytes1, bytes2 .. bytes32까지 있다. byte를 선언하면 bytes1을 선언한 것이다.

참조 타입으로 동적 크기의 바이트 배열인 bytes, UTF-8 인코딩 문자열인 string이 있다.

(5) 열거 타입

enum은 사용자화 타입을 만드는 방법 중 하나로서, 리턴값은 uint8 타입으로 자동 지정된다.

큰 상수이면 uint16으로 지정된다.

```
enum Lang { Korean, English }
```

(6) 함수 타입

함수 제한자

- modifier: 이 키워드로 다양한 조건을 부여할 수 있다.
- constant: 상수를 선언하는 키워드.
- view: 이 키워드는 상태를 변경하지 않도록 선언한다. 변경 처리를 실행하면 경고를 출력한다.
- pure: 이는 함수 상태 변경을 제한할 뿐만 아니라 함수 안 상태변수를 참조하지 않는다고 선언한다.

접근 제한자

함수는 기본적으로 public이며, 상태는 internal이 기본값이다.

- external: 외부 계약 및 거래에서 호출
- public: 계약 내부 또는 메시지로 외부에서 호출
- internal: 계약 내부 또는 계약을 상속받는 계약에서 호출
- private: 계약 내부에서만 호출

```
function internalFunc() internal {}
function publicFunc() public {}
```

(7) 데이터 위치 타입

데이터 위치 타입으로 memory, storage 타입이 있다.

memory, storage 타입의 선택에 따라 가스양 리턴값이 달라질 수 있다.

함수 파라미터의 리턴값은 memory를 기본 데이터 위치 타입으로 사용한다. 지역변수와 상태변수는 storage를 기본 데이터 위치 타입으로 사용한다.

storage 데이터를 memory에 할당할 때는 항상 데이터의 복사본을 만들어 저장한다.

그리고 storage 타입으로 선언한 동적 배열은 length 변수로 배열 요소 크기를 바꿀 수 있다. 반면, memory 타입은 배열 요소 크기가 고정이므로 배열 요소 크기를 바꿀 수 없다.

```
uint[] memory a = b;
string storage hello = "hello";
```

(8) 배열 리터럴 타입

고정 배열 요소 크기의 memory 타입은 특정 길이를 고정 배열로 선언한 것이다. 가령 배열 크기가 3이면 uint8[3], 이와 같은 방식이다.

그리고 배열 마지막 요소를 추가하는 것은 push 멤버 함수를 사용한다.

동적 배열은 uint[ ]와 같이 선언한다.

```
uint[3] result = [1,2,3];
uint[] dynamicArr;
```

(9) 구조체

struct 키워드로 문자열, 정수 등 여러 가지 값이 있는 구조체를 정의한다.

구조체를 정의한 컨트랙트 안에서만 사용하며, 이는 값을 변수에 복사하지 않고 참조한다.

```
struct User {
    address account;
    string name;
}
```

(10) 삭제 연산자

삭제 연산자는 delete로서, 타입의 초깃값을 대입한다.

동적 배열은 배열 요소 크기를 0으로 설정한다. 그리고 구조체는 모든 필드를 재설정한다.

```
delete unusedVar;
```

(11) 매핑 타입

매핑(mapping) 타입은 mapping(키 => 값) 형태로 정의하고, 키로 값을 참조할 수 있는 집합 형태이다.

키는 mapping, 동적 배열, 계약, 열거 타입 등의 구조체를 제외한 타입 대부분이 사용 가능하다. 단, 이는 keccak256 타입의 해시값으로 바꿔 저장한다.

값으로는 mapping 타입을 포함해 어떠한 타입이든 사용할 수 있다.

해시 테이블 형태로, 어떤 타입이든 사용할 수 있도록 키를 초기화하며, 초깃값은 타입 각각의 기본값이다.

```
struct User {
   string name;
   uint age;
}

mapping(address=>User) userList;
```

(12) 타입 캐스팅

컴파일러는 보통 자동으로 타입 캐스팅된다. 예를 들어, uint160에서 address로 타입 캐스팅할 수 있다.

```
int8 y = -3;
uint8 x = uint8(y);
```

(13) 주요 예약어

통화 단위 예약어

wei : 1 wei

szabo: 10^12 wei

finney: 10^15 wei

ether: 10^18 wei

시간 단위 예약어

second, minute, hour, day, week, year

블록 및 거래 속성 변수

block.blockhash(uint blockNumber) returns (bytes32)

       – 지정한 블록의 해시값

block.coinbase(address)

       – 현재 블록 채굴자의 계정 주소

block.difficulty(uint)

       – 현재 블록의 난이도

block.gaslimit(uint)

       – 현재 블록의 가스 제한량

block.number(uint)

       – 현재 블록 번호

block.timestamp(uint)

       – 현재 블록의 타임스탬프를 unixtime으로 리턴

msg.data(bytes)

       – 완전한 호출 데이터

msg.gas(uint)

       – 남은 가스양

msg.sender(address)

       – 송금자 주소, 함수를 호출한 계정의 어드레스

msg.sig(bytes4)

       – calldata의 첫 4바이트를 리턴, 함수 식별자로 사용

msg.value(uint)

       – 이더를 송금하는 형태로 함수를 호출한 경우, 송금액(wei 단위)

now(uint)

       – block.timestamp의 별칭

tx.gasprice(uint)

       – 해당 거래의 가스 가격

tx.origin(address)

       – 거래 발신자

this

       – 현재 계약의 어드레스

에러 처리 함수

throw는 0.4.13 버전 이후에는 사용하지 않기를 권한다. 이 대신에 revert 함수를 사용한다.

---

assert(bool condition) :
- 내부 에러를 나타낼 때 사용. 조건 만족하지 않으면 에러 발생, 에러 발생 시 사용 가능한 모든 가스를 소비

require(bool condition)
- 입력 또는 외부 구성 요소의 에러를 나타낼 때 사용한다. 조건이 만족하지 않으면 에러가 발생한다. 에러 발생 시 해당 처리까지만 가스를 소비하고 나머지 가스를 돌려준다.

revert( )
- 에러가 발생하면 상태를 거래 처리 전으로 되돌린다.

암호화 함수

---

keccak256(..) returns (bytes32)
- Ethereum-SHA-3(KECCAK-256) 해시를 계산

sha256(...) returns (bytes32)
- SHA-256 해시를 계산

sha3(...) returns (bytes32)
- keccak256의 별칭

계약 함수

---

this(address)
- 현재 계약을 뜻한다. 계약 주소를 명시해서 바꿀 수 있다.

```
selfdestruct(address recipient)
        - 현재 계약을 파기해 지정한 주소로 금액을 보낸다. 문제가 발생하여 계약 배포
        를 중지할 때 사용한다.
suicide(address recipient)
        - selfdestruct의 별칭
```

(14) 입력과 출력 파라미터

입력 파라미터는 변수와 같은 방식으로 선언한다.

returns 키워드 다음에 출력 파라미터를 선언하며, 출력 파라미터의 이름은 생략할
수 있다.

returns 키워드를 사용하여 하나 혹은 여러 값을 리턴할 수 있다.

외부 함수 호출에 있어서 다른 계약의 함수를 호출할 때, 이더를 전송하는 경우
payable 키워드를 지정해야 한다.

(15) 계약

생성자

생성자는 선택 사양이므로 필요에 따라 선언할 수 있다.

```
constructor(){}
```

이름 없는 함수(fallback function)

fallback 함수는 이름, 인자, 리턴값이 없는 함수로서 다음과 같은 경우에 호출한다.

1) 거래나 메시지에서 지정한 함수가 계약 내에 없는 경우

2) 이더를 송금하는 경우, payable 키워드와 함께 사용한다.

```
function() public {
    revert();
}
```

event

거래 로그를 출력한다.

```
event CustomEvent(uint type);
```

상속

is 키워드를 사용해 상속할 수 있다.

```
contract TestContract is ParentLibrary
```

■ 솔리디티 예제

솔리디티 컨트랙트 예제 파일을 보면서 컨트랙트 개발 방법을 하나씩 살펴보자.

HelloSolidity.sol

```
pragma solidity ^0.4.24;
```

```
contract HelloSolidity{
    string public mymsg;
    address public owner;
    uint8 public counter;

    constructor(string _msg1) public {
      mymsg = _msg;
      owner = msg.sender;
      counter = 0;
    }

    function getMsg() constant public returns(string) {
      return mymsg;
    }

    function setCounter() public {
        for(uint8 i=0; i<4; i++){
          counter++;
        }
      }

    modifier onlyOwner {
        require(msg.sender == owner);
        _;
    }

    event MessageLog(string msg);

    function close() public onlyOwner {
      selfdestruct(owner);
    }

    function dividend() public payable {
      MessageLog("dividend");
    }
}
```

1. pragma solidity ^0.4.24;

   지원하는 컴파일러 버전 선언으로서, pragma 키워드는 컴파일러에 소스 코드를 처리하는 방법을 정의할 때 사용한다. 새로운 컴파일러 버전에서 예상하지 않은 동작이 실행되는 것을 막는다.

2. contract HelloSolidity{

   스마트 계약 선언 부분, contract는 객체지향 언어의 클래스와 비슷하다.

3. string public mymsg;

   계약 안에서 선언한 변수를 상태라고 한다. 객체지향 언어의 인스턴스 변수에 해당된다. string은 데이터 타입이고, public은 외부에서 변수나 함수에 접근할 수 있게 만든 접근 제어자이다.

4. address public owner;

   address 타입 변수는 EOA나 CA 어드레스를 값으로 가진다.

5. uint8 public counter;

   uint8은 8비트의 unsigned(부호 없는) 정수 타입이다.

6.
```
constructor(string _msg) public {
        mymsg = _msg; // 값 대입
        owner = msg.sender; // owner의 값에 이 계약을 생성한 계정 어드레스 대입
        counter = 0; // 0으로 초기화
}
```

   생성자는 스마트 계약을 새로 만들 때 실행되고, 인자를 넘길 수 있다.

7.
```
function getMsg() constant public returns(string) {
   return mymsg;
}
```

   스토리지의 내용을 수정하지 않는다는 의도를 constant 키워드를 통해 나

타낼 수 있다. returns 키워드는 함수가 반환하는 데이터 타입을 정의한다. 이는 여러 타입의 지정을 할 수 있다. 함수 안에서는 return 문을 사용하여 mymsg 값을 리턴한다.

8.
```
function setCounter() public {
    for(uint8 i=0; i<4; i++){
        counter++;
    }
}
```

counter 상태변수를 for 루프를 통해 업데이트하는 구문인데, for, while, break, continue 문을 사용할 수 있다.

9.
```
modifier onlyOwner {
    require(msg.sender == owner);
    _;
}
```

modifier를 구현하여 함수에 적용하면 이 함수를 호출할 때 modifier에 정의된 처리가 실행된다. require은 조건식으로서, 조건을 만족하지 않으면 throw가 일어나고 처리가 중단된다. 마지막에 _;를 붙임으로써 다음 프로세스를 진행한다.

10. event MessageLog(string msg);
이벤트는 로그 등 감시자로 사용하고 인자는 여러 개 지정이 가능하다.

11.
```
function close() public onlyOwner {
    selfdestruct(owner);
}
```

onlyOwner이 실행된 후, close() 안의 프로세스가 진행된다. selfdestruct(owner)는 계약을 소멸시키기 위해 사용되는 함수로서, 인자로 어드레스를

지정한다. 계약이 소멸됨과 동시에 계약이 갖고 있던 이더가 인자로 지정된
어드레스로 송금된다.

12.
```
function dividend() public payable {
    MessageLog("dividend");
}
```

이더를 주고받는 처리가 있는 함수는 payable 키워드를 반드시 붙여
야 한다. MessageLog(<문자열>)을 통해 이벤트를 송출한다. emit
MessageLog("dividend")도 같은 구문이다.

ERC20과 ERC721(NFT)

이번 장에서는 ERC20과 ERC721 인터페이스를 분석하고, NFT의 특징을 크립토키티(Crypto Kitty) 사례를 들어 살펴보겠다.

▌ ERC20

EIP(Ethereum Improvement Proposal)라는 이더리움 개발 제안서로 시작하여, 이더리움 운영진에 승인을 받아 ERCs(Ethereum Request for Comment)로 발전하였다. ERC20 토큰은 컨트랙트의 인터페이스를 표준화하여 다른 호환 가능한 ERC20 토큰과 거래할 수 있다. ERC의 20은 RFC의 20번째 규격임을 뜻한다.

이를 통해 유저(user)들은 자신의 토큰 수량을 확인하고 다른 이에게 전송하는 등의 액션을 취할 수 있는데, 이 ERC20 인터페이스를 이더리움에서 표준으로 선택하였다. ICO(Initial Coin Offering)의 열풍이 왔을 시기에 수많은 토큰의 발행이 이 ERC20 토큰을 기반으로 이루어졌다.

ERC20 토큰 컨트랙트의 구현체는 다음과 같다.

```
string public constant name = "MyCoin";
string public constant symbol = "MAG";
uint8 public constant decimals = 3;
```

name은 토큰의 이름을 정의한다. symbol은 토큰의 심벌로서, 보통 3~4글자가 사용된다.

decimals는 토큰의 소수점 자리수로서, 여기서 컨트랙트 내부의 1 토큰은 0.001MAG를 나타낸다. 이더리움의 경우 18자리의 decimals를 가지고 있고, 이는 부동 소수점 오차 때문에 토큰 수량을 정수로만 저장하고 decimals를 지정하는 방식으로 소수점을 표현한다.

ERC20 인터페이스는 다음과 같다.

```
function totalSupply( ) public constant returns (uint);
        - 토큰의 총 발행량을 반환한다.
function balanceOf(address tokenOwner) public constant returns (uint balance);
        - tokenOwner의 잔액을 반환한다. 이는 누구나 해당 어드레스를 조회하여 잔액
          을 가져올 수 있다.
function allowance(address tokenOwner, address spender) public constant
returns (uint remaining);
        - spender가 tokenOwner의 계좌에서 가져갈 수 있는 토큰의 수를 반환한다.
```

function transfer(address to, uint tokens) public returns (bool success);
　　　- to에게 tokens 수만큼 토큰을 전송한다.

function approve(address spender, uint tokens) public returns (bool success);
　　　- spender에게 tokens 수만큼 계좌에서 토큰을 가져갈 권한을 부여한다.

function transferFrom(address from, address to, uint256 token) public returns (bool success);
　　　- from에서 to로 승인된 token을 전송한다. transfer()의 경우, 전송만 할 경우는 문제가 없지만, 전송받은 만큼 돌려줄 시에 얼마만큼의 이더를 돌려줘야 하는지 알 수 없다.
　　　approve()와 transferFrom()은 이를 해결하는데, 원하는 금액을 허용하고, 유저는 자신이 원하는 금액만큼 전송받을 수 있다.

(이벤트 리스트)

event Transfer(address indexed from, address indexed to, uint tokens);
　　　- transferFrom, transfer 이후에 발생되는 이벤트

event Approval(address indexed tokenOwner, address indexed spender, uint tokens);
　　　- approve 이후에 발생되는 이벤트

이와 관련한 컨트랙트 코드는 다음과 같다.

```
contract TokenContract {

    mapping(address => uint256) balances;
    mapping(address => mapping (address => uint256)) allowed;

    function balanceOf(address tokenOwner) public constant returns (uint
    balance) {
return balances[tokenOwner];
}

    function transfer(address to, uint tokens) public returns (bool
```

```
  success) {
  balances[msg.sender] = balances[msg.sender].sub(tokens);
  balances[to] = balances[to].add(tokens);
  Transfer(msg.sender, to, tokens);
  return true;
  }

  function transferFrom(address from, address to, uint tokens) public
  returns (bool success) {
  balances[from] = balances[from].sub(tokens);
  allowed[from][msg.sender] = allowed[from][msg.sender].sub(tokens);
  balances[to] = balances[to].add(tokens);
  Transfer(from, to, tokens);
  return true;
  }

  function approve(address spender, uint tokens) public returns (bool
  success) {
  allowed[msg.sender][spender] = tokens;
  Approval(msg.sender, spender, tokens);
  return true;
  }
}
```

이 코드에 대해 하나씩 살펴보자.

```
mapping(address => uint256) balances;
mapping(address => mapping (address => uint256)) allowed;
```

이는 해당 주소와 잔액이 매핑된 변수와 보내는 어드레스에서 보내는 토큰을 받는
어드레스가 얼마만큼 받을 수 있는지를 허용하는 매핑이다.

```
function balanceOf(address tokenOwner) public constant returns (uint
balance) {
    return balances[tokenOwner];
}
```

balances에서 해당 어드레스를 키로 하여 값을 반환한다.

```
function transfer(address to, uint tokens) public returns (bool success) {
    balances[msg.sender] = balances[msg.sender].sub(tokens);
    balances[to] = balances[to].add(tokens);
    Transfer(msg.sender, to, tokens);
    return true;
}
```

보내는 어드레스의 잔액을 토큰 양만큼 감소시키고, 받는 어드레스의 잔액을 증가
시킨 후, Transfer 이벤트를 송출시킨다.

```
function transferFrom(address from, address to, uint tokens) public
returns (bool success) {
    balances[from] = balances[from].sub(tokens);       allowed[from]
    [msg.sender] = allowed[from][msg.sender].sub(tokens);
    balances[to] = balances[to].add(tokens);
    Transfer(from, to, tokens);
    return true;
}

function approve(address spender, uint tokens) public returns (bool
success) {
    allowed[msg.sender][spender] = tokens;
    Approval(msg.sender, spender, tokens);
    return true;
}
```

transferFrom()은 transfer()과 비슷하지만,

```
allowed[from][msg.sender] = allowed[from][msg.sender].sub(tokens);
```

가 추가되어, 승인된 만큼의 토큰을 차감시킨다.

approve()는 해당 토큰만큼 spender 어드레스가 사용할 수 있도록 허용한 후, Approval() 이벤트를 송출한다.

▌ NFT

ERC721을 다루기 앞서 NFT(Non Fungible Tokens)에 대하여 살펴보도록 하자.

해안가에 가보면 다양한 무게와 모양을 지니고 있는 돌을 볼 수 있다. 분명 이 돌들의 각각은 서로 다른 특성을 가졌기에 같은 돌 두 개를 가질 수는 없을 것이다. 또한, 두 돌을 쉽게 합칠 수 없을 것이기에 이는 '나눌 수 없으며', '합칠 수 없는' 돌이라 정의할 수 있다.

NFT 토큰은 이러한 실제 세상에 있는 돌과 같은 특성을 지닌다. 이를 가지고 다양한 형태로 활용할 수 있다. 티켓, 부동산 쿠폰, 자격증, 증서 등의 이 세상에 오직 하나밖에 없는 소유에 대한 권리를 교환하는 데 활용할 수 있다.

이와 달리 FT(Fungible Tokens)는 ERC20과 같은 표준으로 대표되는 특성을 지녔는데, 토큰을 여러 개로 분리하거나 다른 것으로 대체될 수 있다. 따라서 이는 실제 통화나 보상 포인트, 주식 등에 사용될 수 있다.

NFT 토큰이 크립토 세상에서 어떤 형태로 활용될 수 있을까?

수집

2017년 11월경, 크립토키티(Crypto Kitty)라 불리는 이더리움 댑이 출시됨과 동시에 크립토 세상에서 큰 열풍을 이끌었다. 단순한 수집형 게임으로서 다양한 특징을 가진 고양이를 수집하고 이를 다른 사람들과 교환하는 것이다. 또한, 두 마리의 고양이로 새로운 고양이를 탄생시켜 판매할 수 있다. 어떤 고양이들의 가격은 30만 달러

까지 치솟았으며, 피크 기간에는 이더리움 네트워크의 전체 트랜잭션의 30% 이상을 차지하면서 전체 이더리움 네트워크가 마비되는 현상을 겪었다. 이로 인해 블록체인의 확장성 문제가 대두되기도 하였다.

여하튼 이 크립토키티 게임의 기본 콘셉트의 근간은 NFT(Non-Fungible Tokens)로 이루어졌다. 이후에 이 크립토키티에 대하여 상세히 살펴보자.

디지털 티켓

콘서트에 가기 위해 티켓을 구매했을 때, 해당 티켓은 특정한 시간과 장소를 나타내는 동일한 타입일 것이다. 그러나 그 티켓을 가지는 소유자의 권리는 변환 가능하지 않고 중복되지 않는 성질의 것이며, 이 때문에 디지털 티켓은 NFT로 대체될 수 있다. 이 NFT를 통해 각 티켓을 다른 사람에게 쉽게 양도할 수 있다. 또한, 이는 NFT가 관리하므로 조작된 티켓을 사용할 수 없다.

자격 증명

자격 및 신분에 따른 권한을 부여하기 위해 NFT가 이를 편리하게 지원할 수 있다. 가령, 태생 증명이나 여권, 주민등록증, 운전면허증 등의 자신을 증명하는 신분에 대한 NFT를 가질 수 있다. 이러한 NFT는 물론 교환이 불가능하며, 권한에 따른 접근만 가능하다. 더 나아가 내가 진료받길 원하는 의사의 자격에 대한 적합성을 입증하기 위해 이 NFT를 통해 쉽게 증명할 수 있다.

디지털 증서

블록체인상에 저장되는 계약, 특허와 같은 고유한 문서를 NFT를 통해 효과적으로 관리할 수 있다. 이는 탈취하여 거래하는 목적으로 사용되는 것을 막고, 이 문서의 당위성을 전자 서명을 통해 증명할 수 있다. 이러한 디지털 증서는 저작권과 같은 부분에 쉽게 적용이 가능하므로 미술품이나 음악 등의 예술가들의 고유한 작품에 연계되어 쉽게 거래할 수 있다.

▌ ERC721

ERC721 표준은 NFT를 구현하는 데 있어서 가장 잘 알려진 것이다. ERC721의 공식적인 소개는 NFT를 위한 표준 인터페이스로 정의되었다. https://eips.ethereum.org/EIPS/eip-721

이는 다음과 같은 인터페이스를 제안한다. 표준 인터페이스에 추가하여 확장된 인터페이스가 있는데, ERC721Metadata 인터페이스를 정의하여 NFT의 기본 정보를 제공한다. ERC721Enumerable 인터페이스는 열거 함수를 지원한다.

ERC721 인터페이스는 다음과 같다.

```
interface ERC721 /* is ERC165 */ {
    event Transfer(address indexed _from, address indexed _to, uint256
    indexed _tokenId);
    event Approval(address indexed _owner, address indexed _approved,
    uint256 indexed _tokenId);
    event ApprovalForAll(address indexed _owner, address indexed _
    operator, bool _approved);
    function balanceOf(address _owner) external view returns (uint256);
    function ownerOf(uint256 _tokenId) external view returns (address);
    function safeTransferFrom(address _from, address _to, uint256 _
    tokenId, bytes data) external payable;
    function safeTransferFrom(address _from, address _to, uint256 _
    tokenId) external payable;
    function transferFrom(address _from, address _to, uint256 _tokenId)
    external payable;
    function approve(address _approved, uint256 _tokenId) external
    payable;
    function setApprovalForAll(address _operator, bool _approved)
```

```
  external;
  function getApproved(uint256 _tokenId) external view returns
  (address);
  function isApprovedForAll(address _owner, address _operator)
  external view returns (bool);
}
```

이 스펙 외에도 NFT 생성을 위한 mint와 소멸을 위한 burn 프로세스를 구현해야
한다. 그 다음, ERC721 토큰에 구현하고자 하는 시나리오를 대입할 수 있다.

전체 코드는 다음에서 볼 수 있다.

https://github.com/OpenZeppelin/openzeppelin-solidity/tree/master/
contracts/token/ERC721

토큰 소유

ERC20에서 해당 토큰 소유자의 어드레스에 따른 잔액 조회는 다음과 같은 구조체
에서 이루어진다.

```
mapping(address => uint) balances;
```

개별 어드레스에 따른 토큰의 개수를 저장하는 형태이다. 해당 어드레스를 가지고
있는 유저는 남아 있는 잔액만큼만 전송할 수 있게 된다.

ERC721에서 NFT 토큰은 유일한 것이므로 앞에서와 같은 balance를 매핑하는 형
태로는 맞지 않는다. 즉, 유니크한 토큰을 소유하고 있는지에 대한 정보를 저장할 필
요가 있다.

따라서 어드레스와 매핑되어 있는 토큰에 대한 id를 배열 형태로 나열한다. 해당 토
큰은 컨트랙트에 의해 생성된다.

```
uint[] tokens;
```

이는 단지 컨트랙트가 가지는 것을 나타내기에 소유자가 가지고 있는 토큰을 나열할 필요가 있다.

```
mapping (address => uint[]) ownedTokens;
```

ERC20의 경우 각 어드레스에 맞는 잔액을 확인했다면, 이제는 각 어드레스가 가지고 있는 토큰 인덱스의 배열을 통해 해당 소유권에 대하여 확인할 수 있다. 이 토큰을 다른 이에게 전달할 때 해당 배열은 달라지게 된다.

그런데 소유권을 확인할 때마다 해당 배열을 뒤져서 찾아야 할까? 이보다 더 쉬운 방법은 다음과 같이 토큰 인덱스와 해당 토큰의 소유자 어드레스를 매핑하는 것이다.

```
mapping (uint => address) tokenOwner;
```

또한, tokenId와 소유자 토큰 리스트의 인덱스의 매핑과 tokenId와 전체 토큰 리스트의 인덱스에 대한 매핑이 필요하다.

```
mapping(uint => uint) ownedTokensIndex;
mapping(uint => uint) allTokensIndex;
```

마지막으로, 각 어드레스별 몇 개의 NFT 토큰을 가지고 있는지 필요한 매핑이 있다.

```
mapping(address => uint) ownedTokensCount;
```

이 ownedTokensCount는 토큰을 전달하거나 구매하거나 소멸시킬 때 업데이트된다.

토큰 생성

ERC20의 경우 토큰 생성을 위해 필요한 것은 전체 토큰의 양이었다. 토큰 생성자에서 전체 공급량(totalSupply)을 대입하여 이는 초기에 실행되거나, mint() 함수를 통해 업데이트된다.

```
uint256 totalSupply;

contract MyToken {
    function MyToken(uint _supply) {
    totalSupply = _supply;
     }
}
```

한편, ERC721의 경우 각 토큰은 유일하므로 앞서 만든 배열에 각각 대입해야 한다. 이는 addTokenTo()와 _mint()에서 이루어진다.

addTokenTo()의 코드는 다음과 같다.

```
상위 클래스:
function addTokenTo(address _to, uint256 _tokenId) internal {
    require(tokenOwner[_tokenId] == address(0));
    tokenOwner[_tokenId] = _to;
    ownedTokensCount[_to] = ownedTokensCount[_to].add(1);
}

하위 클래스:
function addTokenTo(address _to, uint256 _tokenId) internal {
    super.addTokenTo(_to, _tokenId);
    uint256 length = ownedTokens[_to].length;
    ownedTokens[_to].push(_tokenId);
    ownedTokensIndex[_tokenId] = length;
}
```

하위 클래스에서 super.addTokenTo( )를 호출하면, 상위 클래스의 addTokenTo()를 호출하게 되고, 이에 변수를 업데이트하게 된다.

파라미터로서 _to는 해당 토큰을 소유하게 되는 어드레스이며, _tokenId는 토큰의 유니크한 아이디이다.

```
require(tokenOwner[_tokenId] == address(0));
```

상위 클래스의 이 코드는 tokenId가 이미 누군가에 의해 소유되어 있는지를 확인하고 없으면 다음으로 진행한다.

```
tokenOwner[_tokenId] = _to;
ownedTokensCount[_to] = ownedTokensCount[_to].add(1);
```

그리고 나서 tokenId를 인덱스로 하여 해당 어드레스를 대입한다. 그리고 그 계정이 가지고 있는 토큰 개수의 합계를 하나 더한다.

이를 상속받는 하위 클래스로 다시 돌아가 보면,

```
uint256 length = ownedTokens[_to].length;
```

토큰 리스트의 개수를 변수에 저장한다. 이는 인덱스로 사용될 것이다.

```
ownedTokens[_to].push(_tokenId);
```

새 소유자의 토큰 리스트에 이를 추가하고,

```
ownedTokensIndex[_tokenId] = length;
```

해당 tokenId와 앞서 만든 새 인덱스를 대입한다.

이로써 어드레스별로 토큰을 저장할 수 있다. 하지만 앞서 만든 allTokens에 토큰을 대입하려면 어떻게 해야 할까?

이를 위해 _mint() 함수를 호출하는데 다음과 같은 코드이다.

```
상위 클래스:
function _mint(address _to, uint256 _tokenId) internal {
    require(_to != address(0));
    addTokenTo(_to, _tokenId);
    Transfer(address(0), _to, _tokenId);
}

하위 클래스:
function _mint(address _to, uint256 _tokenId) internal {
    super._mint(_to, _tokenId);

    allTokensIndex[_tokenId] = allTokens.length;
    allTokens.push(_tokenId);
}
```

상위 클래스에서 addTokenTo()를 호출하는데 이는 앞서 보았던 함수이다. 그리고 Transfer 이벤트를 디스패치한다.

그 다음으로 다시 하위 클래스로 돌아와서, 새로운 인덱스를 tokenId를 키로 하는 배열에 대입하고, 최종적으로 tokenId를 allTokens 배열에 푸시한다.

마지막으로, 생성 시에 함께 전달할 메타데이터를 저장할 구조체는 다음과 같다.

```
mapping(uint => string) tokenURIs;
```

이에 저장할 코드는 다음과 같다.

```
function exists(uint256 _tokenId) public view returns (bool) {
    address owner = tokenOwner[_tokenId];
    return owner != address(0);
}

function _setTokenURI(uint256 _tokenId, string _uri) internal {
    require(exists(_tokenId));
    tokenURIs[_tokenId] = _uri;
}
```

먼저, tokenId가 존재하는지 확인한 후, 데이터 URI를 tokenURIs 배열에 tokenId
를 키로 하여 저장한다.

토큰 전송

ERC20의 토큰 전송은 transfer() 함수를 통해 이뤄지는데, 이에 앞서 approve() 함
수를 통해 어느 만큼 토큰을 전달할지 승인하는 과정이 필요하다. 그리고 보내는 잔
액은 감소시키고 받는 이의 잔액은 증가시킨다.

ERC721의 경우, tokenId에 대한 승인과 전송이 필요한데 개별 tokenId에 대한 승
인이나 어드레스가 가지고 있는 모든 토큰에 대한 승인이 있다.

tokenId에 대한 승인은 approve() 함수를 이용하는데 다음과 같다.

```
mapping (uint256 => address) internal tokenApprovals;
mapping (address => mapping (address => bool)) internal
operatorApprovals;

function approve(address _to, uint256 _tokenId) public {
    address owner = ownerOf(_tokenId);
    require(_to != owner);
    require(msg.sender == owner || isApprovedForAll(owner, msg.
    sender));

    if (getApproved(_tokenId) != address(0) || _to != address(0)) {
```

```
        tokenApprovals[_tokenId] = _to;
        Approval(owner, _to, _tokenId);
    }
}

function isApprovedForAll(address _owner, address _operator) public
view returns (bool) {
    return operatorApprovals[_owner][_operator];
}

function getApproved(uint256 _tokenId) public view returns (address) {
    return tokenApprovals[_tokenId];
}

function setApprovalForAll(address _to, bool _approved) public {
    require(_to != msg.sender);
    operatorApprovals[msg.sender][_to] = _approved;
    ApprovalForAll(msg.sender, _to, _approved);
}
```

이제 컨트랙트에 대해 하나씩 분석해 보자.

```
mapping (uint256 => address) internal tokenApprovals;
```

tokenApprovals는 토큰 인덱스와 전송 승인이 된 어드레스와의 매핑이다.

approve() 함수에서 보내는 어드레스가 승인된 것인지 먼저 확인을 한다.

```
mapping (address => mapping (address => bool)) internal
operatorApprovals;
```

operatorApprovals의 경우, 소유자의 어드레스가 승인된 소유자와 불린 값의 매핑이 연동되어 있는데 불린 값이 true이면, 해당 어드레스가 소유하고자 하는 어드레스의 NFT 토큰을 모두 다룰 수 있는 것이다.

마지막으로, tokenApprovals의 토큰 인덱스를 키로 하여 해당 어드레스를 대입한다.

```
tokenApprovals[_tokenId] = _to;
```

토큰 전송은 transferFrom() 함수에서 일어난다.

```
modifier canTransfer(uint256 _tokenId) {
    require(isApprovedOrOwner(msg.sender, _tokenId));
    _;
}

function isApprovedOrOwner(address _spender, uint256 _tokenId) internal
view returns (bool) {
    address owner = ownerOf(_tokenId);
    return _spender == owner || getApproved(_tokenId) == _spender ||
    isApprovedForAll(owner, _spender);
}

function transferFrom(address _from, address _to, uint256 _tokenId)
public canTransfer(_tokenId) {
    require(_from != address(0));
    require(_to != address(0));
    clearApproval(_from, _tokenId);
    removeTokenFrom(_from, _tokenId);
    addTokenTo(_to, _tokenId);
    Transfer(_from, _to, _tokenId);
}

function clearApproval(address _owner, uint256 _tokenId) internal {
    require(ownerOf(_tokenId) == _owner);
    if (tokenApprovals[_tokenId] != address(0)) {
        tokenApprovals[_tokenId] = address(0);
        Approval(_owner, address(0), _tokenId);
    }
}
```

```
//Full ERC721 implementation
function removeTokenFrom(address _from, uint256 _tokenId) internal {
    super.removeTokenFrom(_from, _tokenId);

    uint256 tokenIndex = ownedTokensIndex[_tokenId];
    uint256 lastTokenIndex = ownedTokens[_from].length.sub(1);
    uint256 lastToken = ownedTokens[_from][lastTokenIndex];

    ownedTokens[_from][tokenIndex] = lastToken;
    ownedTokens[_from][lastTokenIndex] = 0;
    ownedTokens[_from].length--;
    ownedTokensIndex[_tokenId] = 0;
    ownedTokensIndex[lastToken] = tokenIndex;
}

//Basic ERC721 implementation
function removeTokenFrom(address _from, uint256 _tokenId) internal {
    require(ownerOf(_tokenId) == _from);
    ownedTokensCount[_from] = ownedTokensCount[_from].sub(1);
    tokenOwner[_tokenId] = address(0);
}
```

먼저, modifier인 canTransfer()는 보내는 어드레스가 토큰 전송을 위해 승인되었는지 확인한다.

```
modifier canTransfer(uint256 _tokenId) {
    require(isApprovedOrOwner(msg.sender, _tokenId));
    _;
}
```

다음으로 보내는 어드레스와 받는 어드레스가 타당한지 확인하고, clearApproval() 함수가 호출되어 기존 토큰에 있는 전송을 위한 승인 권한을 지운다.

```
require(_from != address(0));
require(_to != address(0));
clearApproval(_from, _tokenId);
```

이렇게 되면, 이전의 승인자는 더이상 토큰을 보낼 수 없을 것이다.

다음으로, removeTokenFrom() 함수를 호출하는데 상위 클래스의 함수를 호출하고, ownTokens의 매핑의 값을 지운다.

```
removeTokenFrom(_from, _tokenId);
```

마지막으로, 앞서 만든 addTokenTo() 함수를 호출하고 Transfer 이벤트를 송출한다.

```
addTokenTo(_to, _tokenId);
Transfer(_from, _to, _tokenId);
```

사실 이 ERC721 스펙만으로는 부족한 것이 있는데, 해당 토큰이 잘 전송되었는지 어떻게 확인할 수 있을까?

이에 대한 이슈의 보완으로 ERC721 이후에 다른 제안이 들어왔고 업데이트되었다. 가령, onERC721Received() 함수를 이벤트 핸들러로 받는 식의 업데이트이다.

토큰 소각

ERC20에서 토큰 소각은 소각하고자 하는 양만큼 해당 어드레스가 가지고 있는 잔액을 감소시키고 전체 공급량을 감소시키면 된다.

이와 달리, ERC721 토큰에서는 특정한 tokenId를 제거하면 된다.

```
상위 클래스:
  function _burn(address _owner, uint256 _tokenId) internal {
    clearApproval(_owner, _tokenId);
    removeTokenFrom(_owner, _tokenId);
    Transfer(_owner, address(0), _tokenId);
  }
```

```
하위 클래스:
function _burn(address _owner, uint256 _tokenId) internal {
    super._burn(_owner, _tokenId);

    // 메타데이터 지우기
    if (bytes(tokenURIs[_tokenId]).length != 0) {
      delete tokenURIs[_tokenId];
    }

    //토큰 배열 재조정
    uint256 tokenIndex = allTokensIndex[_tokenId];
    uint256 lastTokenIndex = allTokens.length.sub(1);
    uint256 lastToken = allTokens[lastTokenIndex];
    allTokens[tokenIndex] = lastToken;
    allTokens[lastTokenIndex] = 0;
    allTokens.length--;
    allTokensIndex[_tokenId] = 0;
    allTokensIndex[lastToken] = tokenIndex;
  }
}
```

_burn() 함수를 호출할 시에, 상위 클래스의 함수를 호출하게 된다.

```
super._burn(_owner, _tokenId);
```

clearApproval()과 removeTokenFrom()을 차례로 호출하여, 매핑되어 있는 승인과 토큰의 제거를 수행한다.

```
clearApproval(_owner, _tokenId);
removeTokenFrom(_owner, _tokenId);
```

그리고 Transfer 이벤트를 송출한다.

```
Transfer(_owner, address(0), _tokenId);
```

다음으로, 특정한 tokenId에 대한 토큰 메타데이터를 제거한다.

```
if (bytes(tokenURIs[_tokenId]).length != 0) {
    delete tokenURIs[_tokenId];
}
```

마지막으로, allTokens 배열을 재조정하여 해당 토큰 인덱스를 배열의 마지막 토큰으로 대입시킨다.

```
uint256 tokenIndex = allTokensIndex[_tokenId];
uint256 lastTokenIndex = allTokens.length.sub(1);
uint256 lastToken = allTokens[lastTokenIndex];
allTokens[tokenIndex] = lastToken;
allTokens[lastTokenIndex] = 0;
allTokens.length--;
allTokensIndex[_tokenId] = 0;
allTokensIndex[lastToken] = tokenIndex;
```

이것으로 ERC721를 분석해 보았다.

크립토키티와 NFT

[그림 5-1] 크립토키티 https://www.cryptokitties.co/

크립토키티 사례를 보면서, 이 게임에 어떤 식으로 NFT를 사용했는지 알아보자.

KittyBase 클래스에서는 크립토키티의 기본적인 사항이 정의되어 있다.

```
struct Kitty {
    uint256 genes;
    uint64 birthTime;
    uint64 cooldownEndBlock;
    uint32 matronId;
    uint32 sireId;
    uint32 siringWithId;
    uint16 cooldownIndex;
    uint16 generation;
}
```

이는 다음과 같이 배열 구조체를 만든다.

```
Kitty[] kitties;
```

고양이의 아이디와 소유자의 어드레스의 매핑을 다음과 같이 정의한다.

```
mapping (uint256 => address) public kittyIndexToOwner;
```

고양이가 새 소유자에게 전송될 때, 새 소유자 어드레스로 업데이트된다.

전송 부분을 살펴보자.

```
function _transfer(address _from, address _to, uint256 _tokenId)
internal {
    // Since the number of kittens is capped to 2^32 we can't overflow
    this
    ownershipTokenCount[_to]++;
    // transfer ownership
```

```
    kittyIndexToOwner[_tokenId] = _to;
    // When creating new kittens _from is 0x0, but we can't account
    that address.
    if (_from != address(0)) {
        ownershipTokenCount[_from]--;
        // once the kitten is transferred also clear sire allowances
        delete sireAllowedToAddress[_tokenId];
        // clear any previously approved ownership exchange
        delete kittyIndexToApproved[_tokenId];
    }
    // Emit the transfer event.
    Transfer(_from, _to, _tokenId);
}
```

이와 같이 소유자가 가지고 있는 전체 토큰 개수를 증가시키고, 해당 tokenId를 전송받는 어드레스가 매핑된다.

만약, 기존 소유자가 가지고 있는 토큰의 경우, 기존 토큰 소유자와 관련한 매핑의 데이터를 삭제한다.

그리고 Transfer 이벤트를 디스패치(dispatch)하고 완료한다.

KittyBase와 ERC721 상위 컨트랙트를 상속받는 KittyOwnership을 알아보자.

```
contract KittyOwnership is KittyBase, ERC721 {
```

이와 같이 해당 컨트랙트가 시작되는데 구체적인 내용은 너무 길기 때문에 NFT와 관련한 부분만 살펴보겠다.

```
function totalSupply() public view returns (uint) {
        return kitties.length - 1;
}
```

전체 공급량으로 제네시스 고양이를 제외한 전체 고양이 개수를 반환한다.

```
function balanceOf(address _owner) public view returns (uint256 count) {
        return ownershipTokenCount[_owner];
}
```

해당 소유자가 가지고 있는 토큰의 개수를 반환한다.

```
function ownerOf(uint256 _tokenId)
        external
        view
        returns (address owner)
    {
        owner = kittyIndexToOwner[_tokenId];

        require(owner != address(0));
    }
```

해당 고양이가 누군가의 소유권이 있으면 소유자의 어드레스를 반환한다.

```
function approve(
        address _to,
        uint256 _tokenId
    )
        external
        whenNotPaused
    {
        // Only an owner can grant transfer approval.
        require(_owns(msg.sender, _tokenId));

        // Register the approval (replacing any previous approval).
        _approve(_tokenId, _to);

        // Emit approval event.
        Approval(msg.sender, _to, _tokenId);
```

```
}

function _approve(uint256 _tokenId, address _approved) internal {
        kittyIndexToApproved[_tokenId] = _approved;
}
```

어드레스가 특정 고양이를 전송하기 위한 승인 프로세스를 진행한다.

```
function transfer(
        address _to,
        uint256 _tokenId
    )
        external
        whenNotPaused
    {
        // Safety check to prevent against an unexpected 0x0 default.
        require(_to != address(0));
        // Disallow transfers to this contract to prevent accidental
        misuse.
        // The contract should never own any kitties (except very
        briefly
        // after a gen0 cat is created and before it goes on auction).
        require(_to != address(this));
        // Disallow transfers to the auction contracts to prevent
        accidental
        // misuse. Auction contracts should only take ownership of
        kitties
        // through the allow + transferFrom flow.
        require(_to != address(saleAuction));
        require(_to != address(siringAuction));

        // You can only send your own cat.
        require(_owns(msg.sender, _tokenId));

        // Reassign ownership, clear pending approvals, emit Transfer
        event.
        _transfer(msg.sender, _to, _tokenId);
}
```

다른 어드레스로 특정 고양이를 전송하는 함수로서, KittyBase에서 정의한 _transfer() 함수를 호출한다.

```
function transferFrom(
        address _from,
        address _to,
        uint256 _tokenId
    )
        external
        whenNotPaused
    {
        // Safety check to prevent against an unexpected 0x0 default.
        require(_to != address(0));
        // Disallow transfers to this contract to prevent accidental
        misuse.
        // The contract should never own any kitties (except very
        briefly
        // after a gen0 cat is created and before it goes on auction).
        require(_to != address(this));
        // Check for approval and valid ownership
        require(_approvedFor(msg.sender, _tokenId));
        require(_owns(_from, _tokenId));

        // Reassign ownership (also clears pending approvals and
        emits Transfer event).
        _transfer(_from, _to, _tokenId);
    }
```

앞서 transfer() 함수와 비슷하지만, 보내는 특정 주소 파라미터가 추가된 점이 다르다.

이렇게 간략하게 크립토키티에서 사용된 NFT를 살펴보았다. 보다 상세히 코드를 확인하고자 한다면 다음 링크를 활용하자.

https://github.com/cryptocopycats/awesome-cryptokitties/tree/master/contracts

Chapter ──────────────────────── **6**

트러플의 이해

트러플(Truffle)은 스마트 계약 개발에 필요한 컴파일 및 배포 기능과 같은 통합 개발 관리를 통해 쉽게 테스트를 만들고 마이그레이션(migration)할 수 있는 도구이다.

이번 장에서는 트러플을 사용하는 방식과 오픈제플린 라이브러리를 활용한 ERC20 기반 토큰을 만드는 과정을 살펴보자.

▌ 트러플 설치

트러플을 콘솔에서 사용하기 위해 다음과 같이 npm을 전역적으로 트러플 모듈을 설치한다.

```
$ npm install -g truffle@4.1.15
```

여기서는 버전을 4.1.15로 명시하였다.

▌트러플 박스

트러플 박스(Truffle Box)는 보다 빠르게 프로젝트를 시작할 수 있는 보일러플레이트(boilerplate) 코드가 패키징되어 있는 것으로서, 유용한 모듈 및 솔리디티 컨트랙트, 프론트엔드 컴포넌트 등의 예제가 수록되어 있다.

여기서 원하는 박스를 찾아 unbox 명령으로 다운로드하여 시작할 수 있다.

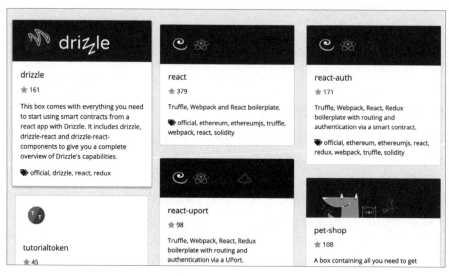

[그림 6-1] 트러플 박스 https://truffleframework.com/boxes

```
$ truffle unbox <<projectName>>
```

▌새 프로젝트 생성

기본적인 트러플 프로젝트를 만들기 위해서는 다음의 명령으로 충분하다.

```
$ truffle init
```

이를 실행하면 다음의 디렉터리가 생성된다.

contracts/ : 스마트 컨트랙트 디렉터리

migrations/ : 스크립트를 작성하는 배치 파일 폴더

test/ : 테스트 파일 디렉터리

truffle.js : 트러플 설정 파일

truffle-config.js : 트러플 설정 파일 양식

▌개발 콘솔

트러플 디벨롭(Truffle Develop)을 활용하면 트러플 프레임워크에 내장된 개발용 블록체인으로서, 블록 생성 시간 없이 거래를 즉시 처리할 수 있다.

```
$ truffle develop
```

이는 특별히 설정이 되어 있지 않으면 기본 포트로 9545에 연동된다.

클라이언트가 실행될 때 10개의 초기 계정이 있고, 각 계정의 주소와 계정을 만들 니모닉 코드가 표시된다.

```
Willui-MacBook-Pro:metacoin willpark$ truffle develop
Truffle Develop started at http://127.0.0.1:9545/

Accounts:
(0) 0x627306090abab3a6e1400e9345bc60c78a8bef57
(1) 0xf17f52151ebef6c7334fad080c5704d77216b732
(2) 0xc5fdf4076b8f3a5357c5e395ab970b5b54098fef
(3) 0x821aea9a577a9b44299b9c15c88cf3087f3b5544
(4) 0x0d1d4e623d10f9fba5db95830f7d3839406c6af2
(5) 0x2932b7a2355d6fecc4b5c0b6bd44cc31df247a2e
(6) 0x2191ef87e392377ec08e7c08eb105ef5448eced5
(7) 0x0f4f2ac550a1b4e2280d04c21cea7ebd822934b5
(8) 0x6330a553fc93768f612722bb8c2ec78ac90b3bbc
(9) 0x5aeda56215b167893e80b4fe645ba6d5bab767de

Private Keys:
(0) c87509a1c067bbde78beb793e6fa76530b6382a4c0241e5e4a9ec0a0f44dc0d3
(1) ae6ae8e5ccbfb04590405997ee2d52d2b330726137b875053c36d94e974d162f
(2) 0dbbe8e4ae425a6d2687f1a7e3ba17bc98c673636790f1b8ad91193c05875ef1
(3) c88b703fb08cbea894b6aeff5a544fb92e78a18e19814cd85da83b71f772aa6c
(4) 388c684f0ba1ef5017716adb5d21a053ea8e90277d0868337519f97bede61418
(5) 659cbb0e2411a44db63778987b1e22153c086a95eb6b18bdf89de078917abc63
(6) 82d052c865f5763aad42add438569276c00d3d88a2d062d36b2bae914d58b8c8
(7) aa3680d5d48a8283413f7a108367c7299ca73f553735860a87b08f39395618b7
(8) 0f62d96d6675f32685bbdb8ac13cda7c23436f63efbb9d07700d8669ff12b7c4
(9) 8d5366123cb560bb606379f90a0bfd4769eecc0557f1b362dcae9012b548b1e5

Mnemonic: candy maple cake sugar pudding cream honey rich smooth crumb
```

[그림 6-2] 트러플 콘솔

이에 콘솔이 열리면,

```
truffle(develop)>
```

콘솔 터미널에서 트러플 명령을 바로 입력할 수 있다.

▌ 컨트랙트 컴파일

컨트랙트 파일은 모두 프로젝트의 contracts/ 디렉터리에 들어 있다. 이 컨트랙트가
솔리디티로 작성되어 있기에 컴파일이 필요하다.

프로젝트 루트에서 다음의 명령을 입력한다.

```
$ truffle compile
```

이 명령을 통해 처음에는 모든 컨트랙트가 컴파일되어 build/contracts/ 디렉터리에 컴파일된 아티팩츠(artifacts)가 위치할 것이다. 이는 트러플에 의해 자동적으로 생성되는 것이므로 임의로 수정하지 않도록 한다.

또한, 기존 컨트랙트의 변화된 컨트랙트에 한하여 컴파일함으로써 성능을 향상시킨다.

전체 파일을 다시 컴파일하려면,

```
$ truffle compile --all
```

를 실행한다.

임포트와 관련하여 파일이름을 지정해 계약을 불러오거나, 외부 패키지(npm, EthPM)에서 계약을 불러올 수 있다.

```
import "<외부 패키지 이름>/<파일 이름>.sol"
```


▌ 마이그레이션

마이그레이션(migrations)은 컨트랙트가 이더리움 네트워크에 잘 배포되게 돕는 자바스크립트 파일로서, 배포 범위에 따라 스크립트상에서 이를 수정할 수 있다.

마이그레이션 명령은 다음을 통해 실행된다.

```
$ truffle migrate
```

이는 프로젝트의 migrations 디렉터리에 있는 모든 마이그레이션 파일을 실행한다. 마이그레이션 역시, 컴파일과 같이 부분 마이그레이션 방식으로 새롭게 생성된 마이그레이션을 실행한다. 즉, 새로운 마이그레이션이 존재하지 않으면 이 명령을 실행되지 않을 것이다.

--reset 옵션을 설정하면 모든 마이그레이션 작업을 처음부터 실행한다.

```
$ truffle migrate --reset
```

마이그레이션 파일은 다음과 같은 형태로 이루어져 있다.

```
//2_test_migration.js

var MyContract = artifacts.require("MyContract");

module.exports = function(deployer) {
    deployer.deploy(MyContract);
};
```

이 마이그레이션 파일 이름은 {{숫자}}_{{이름}}.js 형태로 이루어졌는데, 여기서 숫자는 마이그레이션이 실행되어 기록되는 순서를 의미한다.

여기서 artifacts.require() 함수는 해당 컨트랙트를 임포트하는 구문이다. 그리고 모든 마이그레이션 파일은 module.exports 구문을 통해 익스포트되어야 한다.

이 함수의 첫 번째 파라미터로서, deployer 오브젝트를 받게 되는데, 이는 배포 관련 API를 호출하는 메인 인터페이스이다.

contracts/Migrations.sol 파일을 보면 기본적으로 세팅이 된 마이그레이션을 위한 컨트랙트가 준비되어 있다.

migrations/1_initial_migration.js 파일에는 다음과 같은 코드가 있다.

```
var Migrations = artifacts.require("./Migrations.sol");

module.exports = function(deployer) {
    deployer.deploy(Migrations);
};
```

이를 통해 contracts 폴더에 있는 Migrations 컨트랙트를 배포한다.

또한, 다음과 같이 순서대로 deploy할 수도 있다.

```
deployer.deploy(A);
deployer.deploy(B);
```

프로미스 패턴 형태로 만들기 위해서는

```
deployer.deploy(A).then(function() {
    return deployer.deploy(B, A.address)
}
```

이와 같이 A를 배포한 후, B를 배포하도록 만들 수 있다.

▮ ETHPM으로 패키지 매니징하기

이더리움을 위한 패키지 레지스트리인 EthPM을 살펴보자.

npm과 사용 방식이 비슷한데, 패키지를 설치하기 위해서는 다음과 같이 실행한다.

```
$ truffle install <패키지이름>
```

특정 버전을 설치하려면 다음과 같이 버전을 명시한다.

```
$ truffle install <패키지이름>@<버전>
```

패키지는 npm의 package.json과 같이 ethpm.json 파일에 명시한다.

```json
{
    "package_name": "test",
    "version": "0.0.1",
    "description": "Simple contract to test",
    "authors": [ "Will Park" ],
    "keywords": [ "ethereum", "testing" ],
    "dependencies": { "owned": "^0.0.1" },
    "license": "MIT"
}
```

이 파일 리스트를 설치하기 위해서는,

```
$ truffle install
```

명령으로 충분하다.

이를 실행하면 node_modules와 같은 installed_contracts 폴더가 생성되고 설치한 모듈이 나열된다.

이 모듈을 활용하기 위해서는 다음과 같이 컨트랙트에서 불러올 수 있다.

```solidity
pragma solidity ^0.4.2;

import "owned/owned.sol"
```

```
contract MyContract is owned {
}
```

혹은, 마이그레이션 파일에서 아티팩츠로 불러올 수도 있다.

```
var Ens = artifacts.require('ens/ENS');

module.exports = function(deployer) {
   deployer.deploy(Ens);
};
```

▌ 메타코인 예제

트러플을 이용해 메타코인을 사용하는 예제를 실행해 보자.

다음과 같이 새 폴더를 생성한다.

```
$ mkdir metacoin && cd metacoin
```

unbox를 실행하여 metacoin 패키지를 불러온다.

```
$ truffle unbox metacoin
```

패키지를 불러온 후, 컴파일 및 마이그레이션을 실행한다.

```
$ truffle develop
```

이를 실행하고 콘솔에서

```
> compile
> migrate
```

명령을 차례로 실행하자. 이 과정에서 문제가 있으면, 컨트랙트의 솔리디티 버전을 확인해 보자.

로그가 출력되면, MetaCoin: 0x~로 시작하는 메타코인 컨트랙트 주소를 복사한다.

```
truffle(develop)> compile
truffle(develop)> migrate
Using network 'develop'.

Running migration: 1_initial_migration.js
  Deploying Migrations...
  ... 0x461bf29d9bd05b22bd54a0f77ec175485862b52a28125d1a4329de9b7026f004
  Migrations: 0x8cdaf0cd259887258bc13a92c0a6da92698644c0
Saving artifacts...
Running migration: 2_deploy_contracts.js
  Replacing ConvertLib...
  ... 0x83650d2ba3cce99f71999250aa7ea86388c851f212ca845e5cbc8e8711285ad3
  ConvertLib: 0xf12b5dd4ead5f743c6baa640b0216200e89b60da
  Replacing MetaCoin...
  ... 0xf16e49977d07f1f78976eed2ec6312308dbe150ed8dcd1feffdbe40230a2753f
  MetaCoin: 0x345ca3e014aaf5dca488057592ee47305d9b3e10
Saving artifacts...
```

[그림 6-3] 컨트랙트 주소

이제 배포를 확인해 보자.

콘솔에서 앞서의 컨트랙트 주소를 넣고 MetaCoin 컨트랙트에 접근하자.

```
> m = MetaCoin.at("<CA>")
```

첫 번째 계정의 메타코인 잔액을 확인해 보자.

112

```
> m.getBalance(web3.eth.accounts[0])
  >> BigNumber { s: 1, e: 4, c: [ 10000 ] }
```

BigNumber 타입의 결괏값이 나오는 것을 볼 수 있다.

두 번째 계정의 메타코인 잔액을 확인한 후,

```
> m.getBalance(web3.eth.accounts[1])
  >> BigNumber { s: 1, e: 0, c: [ 0 ] }
```

두 번째 계정으로 코인을 전송해 본다.

```
> m.sendCoin(web3.eth.accounts[1], 1000)
```

트랜잭션 해시와 함께 즉시 블록에 저장되는데, 다시 두 번째 계정을 확인해 보면,

```
> m.getBalance(web3.eth.accounts[1])
>> BigNumber { s: 1, e: 3, c: [ 1000 ] }
```

이와 같이 잔액이 업데이트되어 있는 것을 볼 수 있다.

▮ 트러플과 오픈제플린으로 ERC20 토큰 만들기

ERC20 기반의 토큰을 트러플과 오픈제플린을 사용하면 간단하게 제작할 수 있다.

먼저, 트러플 박스의 템플릿을 활용해 프로젝트를 생성해 보자. tutorial token 박스 (https://truffleframework.com/boxes/tutorialtoken)를 사용해 보겠다.

새 디렉터리를 생성한다.

```
$ mkdir dapps-token && cd dapps-token
```

unbox 명령을 통해 해당 박스를 다운로드한다.

```
$ truffle unbox tutorialtoken
```

그러면 다음과 같이 보일러플레이트 코드를 가져온다.

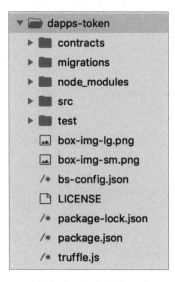

[그림 6-4] 보일러플레이트 코드

오픈제플린 라이브러리를 설치한다. 2.0.0 버전을 명시하자.

```
$ npm install openzeppelin-solidity@2.0.0 --save
```

그 다음, contracts/ 폴더에 DappsToken.sol 솔리디티 파일을 생성하고 이를 열어 보자.

import로 오픈제플린의 ERC20 구현 클래스인 ERC20.sol을 불러와서 상속한다.

```
pragma solidity ^0.4.24;

import "openzeppelin-solidity/contracts/token/ERC20/ERC20.sol";

contract DappsToken is ERC20 {
}
```

상속을 받은 DappsToken 컨트랙트에서 ERC20 컨트랙트의 함수와 변수를 사용하거나 재정의할 수 있다.

컨트랙트 안에 다음의 토큰 정보를 정의한다.

```
string public name = "DappsToken";
string public symbol = "DT";
uint8 public decimals = 2;
uint public INITIAL_SUPPLY = 2000000;
```

이름(name)과 심벌(symbol)은 토큰의 유니크한 정보이며, decimals는 소수점 길이 단위이다. INITIAL_SUPPLY는 토큰의 초기 배포양이다.

```
constructor() public {
    _mint(msg.sender, INITIAL_SUPPLY);
}
```

이와 같이 생성자를 만들고 _mint() 함수로 컨트랙트를 호출하는 계정 주소와 초기 토큰양을 인자로 넘긴다. 이는 상위 컨트랙트의 함수를 호출하는 것으로서, 토큰을 생성하는 프로세스를 제공한다.

마이그레이션 파일을 작성하기 위해 migrations 디렉터리에 새 파일인 2_deploy_dapps_token.js를 만들자.

그리고 다음과 같이 작성한다.

```
var DappsToken = artifacts.require("DappsToken");

module.exports = function(deployer) {
  deployer.deploy(DappsToken);
};
```

트러플 컴파일과 배포를 시작해 보자.

```
$ truffle develop
```

을 시작하고, 콘솔에서 다음을 수행한다.

```
> compile
> migrate
```

배포 완료 후에 컨트랙트 어드레스를 가져오는데, 여기서는 DappsToken.address
로 접근하여 인스턴스를 가져오겠다.

```
> dappsToken = DappsToken.at(DappsToken.address)
```

계약 배포가 정상적으로 된 것을 다음과 같이 확인해 보자.

```
> dappsToken.name()
  >> 'DappsToken'

> dappsToken.symbol()
  >> 'DT'

> dappsToken.totalSupply()
  >> BigNumber { s: 1, e: 6, c: [ 2000000 ] }
```

우리가 정의한 값이 잘 나오는 것을 볼 수 있다.

116

```
> dappsToken.balanceOf(web3.eth.accounts[0])
  >> BigNumber { s: 1, e: 6, c: [ 2000000 ] }
```

첫 번째 계정에서 이 컨트랙트를 호출했으므로 잔액이 전체 토큰양과 같게 된다.

두 번째 계정으로 토큰을 전송해 보자.

```
> dappsToken.transfer(web3.eth.accounts[1], 100)
```

이를 실행하면, 다음과 같은 트랜잭션 해시와 영수증 정보를 확인할 수 있다.

```
truffle(develop)> dappsToken.transfer(web3.eth.accounts[1], 100)
{ tx:
  '0xe388be17ba5efbc1cfd32d6f8c5d1f0df9bdbf05a68893fa6ee72af483b6d325',
  receipt:
   { transactionHash:
      '0xe388be17ba5efbc1cfd32d6f8c5d1f0df9bdbf05a68893fa6ee72af483b6d325',
     transactionIndex: 0,
     blockHash:
      '0x77de777e6d4f6b7f7e98795ae3b73a8b3a43d53732370ddacef349438e088011',
     blockNumber: 5,
     gasUsed: 51651,
     cumulativeGasUsed: 51651,
     contractAddress: null,
     logs: [ [Object] ],
     status: '0x1',
     logsBloom:
      '0x00000000000000000000000000000000000000000000000000000000200000000
00000000000000000000000000000000000000000010000080000000000000000010000000800
00000000000000000000000000000000000000000001000000000000000010000000000000000
00000000000000001000000020000000000000000000000000000000010000000000000000000
00000000000020000000000000000000000000000004000000000000000000000000000000000
000000000000000000000000000010000000000000' },
  logs:
   [ { logIndex: 0,
       transactionIndex: 0,
       transactionHash:
        '0xe388be17ba5efbc1cfd32d6f8c5d1f0df9bdbf05a68893fa6ee72af483b6d325',
       blockHash:
        '0x77de777e6d4f6b7f7e98795ae3b73a8b3a43d53732370ddacef349438e088011',
       blockNumber: 5,
       address: '0x345ca3e014aaf5dca488057592ee47305d9b3e10',
       type: 'mined',
       event: 'Transfer',
       args: [Object] } ] }
```

[그림 6-5] 트랜잭션 영수증

```
> dappsToken.balanceOf(web3.eth.accounts[1])
  >> BigNumber { s: 1, e: 2, c: [ 100 ] }
```

두 번째 계정의 잔액이 정상적으로 증가했다.

이와 같이 오픈제플린 라이브러리를 사용하여 ERC20 기반의 토큰을 간단하게 만들
수 있음을 보았다.

베팅 댑 만들기

▌ 개요

간단한 베팅 댑을 만들기 위해 우리는 다음과 같은 도구를 이용한다.

　　이더리움, 솔리디티, Web3.js, VueJS(VueX), 리믹스, 메타마스크(크롬 익스텐션)

스마트 컨트랙트를 작성하고 이를 리믹스 툴에서 테스트해 본다. 그리고 VueJS와 VueX를 활용한 SPA 웹 애플리케이션을 구축하고, Web3JS 라이브러리를 활용하여 메타마스크와 연동한다. 이는 앞서 이더리움 테스트넷상에 배포된 스마트 컨트랙트와 연동되어 우리가 구현하고자 하는 댑의 기능을 수행하게 된다.

우리가 만드는 댑은 1부터 5까지 나열된 숫자 버튼에 이더를 베팅하고, 이에 맞을 경우 이더를 얻거나, 모두 잃게 되는 간단한 형태로 구성되어 있다.

먼저, 프로젝트 구축과 스마트 컨트랙트를 작성하고 Web3.js API와 VueJS를 통한 프론트엔드를 구성하여 최종적으로 이를 연동하는 방식으로 설명한다.

▌환경 설정

리믹스(https://remix.ethereum.org/)는 웹 기반 스마트 컨트랙트(Solidity) 툴로서 별다른 설치가 필요하지 않다.

다만, 메타마스크는 크롬 익스텐션 앱의 설치가 필요하다.

메타마스크 설치

메타마스크 설치를 위해 https://metamask.io/으로 들어가자.

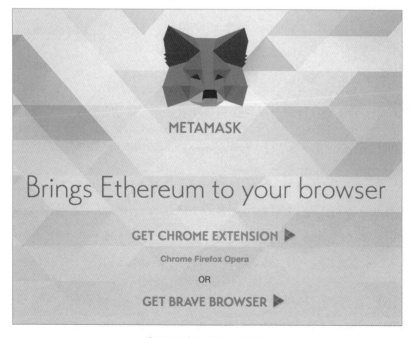

[그림 7-1] 메타마스크 사이트

'GET CHROME EXTENSION'을 클릭하면, 크롬 웹스토어에서 제공하는 메타마스크의 설치 링크가 보인다.

[그림 7-2] 크롬 웹스토어

오른쪽 상단에 '크롬에 추가하기' 버튼을 클릭하면 간단하게 크롬 웹스토어에 익스텐션으로 추가되는 것을 확인할 수 있다.

[그림 7-3] 익스텐션 추가된 상태

Vue CLI 설정

Vue CLI(Command Line Interface)란 Vue 코어 팀에서 제공하는 일종의 터미널용 도구이다.

이를 설치하기에 앞서 node.js와 npm이 설치되어 있는지 확인한다.

```
$ node -v
   >> v10.8.0
```

```
$ npm -v
  >> 6.4.0
```

설치가 되어 있으면 Vue CLI를 다음의 커맨드로 쉽게 설치할 수 있다.

```
$ npm install -g @vue/cli
```

▌ 리믹스 IDE

리믹스는 브라우저용 IDE로서 솔리디티를 실행할 수 있는 통합 개발 환경이다.

http://remix.ethereum.org에 접속해 보면 다음과 같은 화면이 열린다.

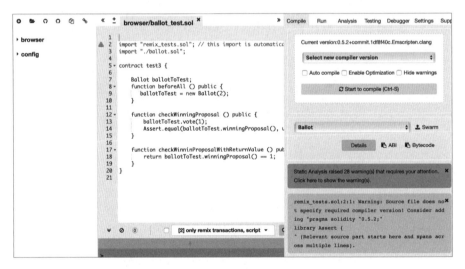

[그림 7-4] 리믹스

왼쪽 상단의 '+' 버튼을 클릭하면 새 파일을 생성할 수 있거나, 기존 파일을 불러올 수 있다.

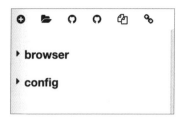

[그림 7-5] 왼쪽 메뉴

오른쪽에는 다양한 메뉴들이 있다.

유용하게 사용할 만한 메뉴는 Compile, Run 탭이다.

Compile 탭에서는 컴파일을 원하는 버전을 선택하고 컴파일을 수행할 수 있다. 이를 통해 구문의 오류나 버그를 검증할 수 있다. 이는 솔리디티를 작성한 후, 'Start to Compile' 버튼을 클릭하면 아래 부분에 로그 사항을 확인할 수 있다.

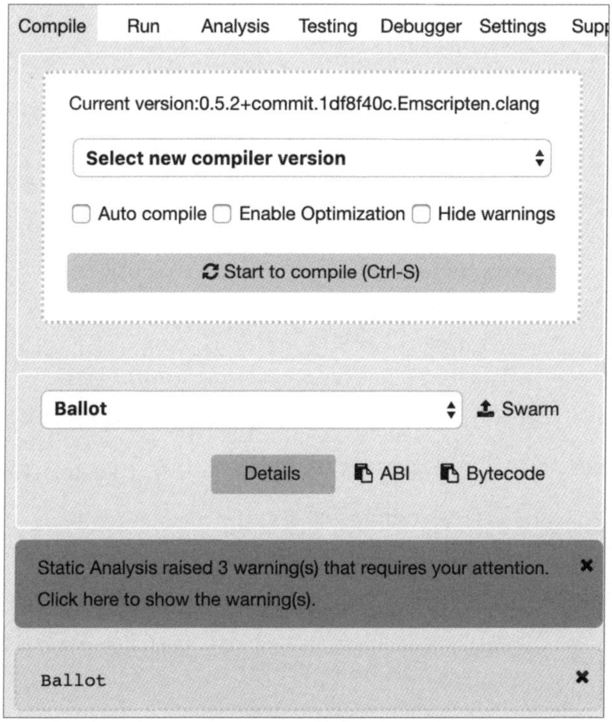

[그림 7-6] 오른쪽 메뉴

Run 탭에서는 아래에 컨트랙트 이름이 표시되고, 이를 선택하여 Deploy 버튼을 클릭하면 배포가 시작된다. 여기서 생성자에 인자가 있는 경우, 이를 넣어서 배포할 수 있다.

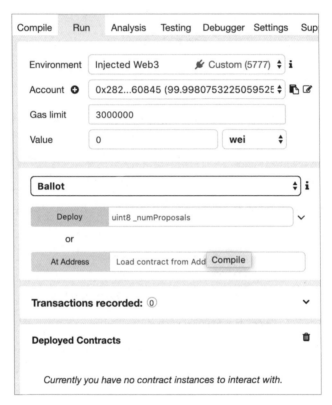

[그림 7-7] run 탭

이에 앞서 Environment는 해당 노드가 실행되는 환경을 의미하는데, 기본 Javascript VM은 브라우저에서 실행되는 테스트용이며, Injected Web3는 메타마스크와 같은 툴과 연동되는 네트워크가 연결된다.

Web3 Provider는 Geth와 같은 외부 이더리움 노드와 연결을 하고자 할 때 사용할 수 있다. 이를 선택하면 Web3 Provider의 엔드포인트를 지정하는 팝업창이 열린다.

아래 Account에서 해당 네트워크와 연동된 계정 목록을 볼 수 있고, Gas limit과 value로 특정 액션을 수행하기 위한 값을 세팅할 수 있다.

하단에는 트랜잭션에 대한 로그가 출력되며, Debug 버튼을 통해 보다 상세한 내용을 확인할 수 있다. 이는 Debugger 탭과 연결된다.

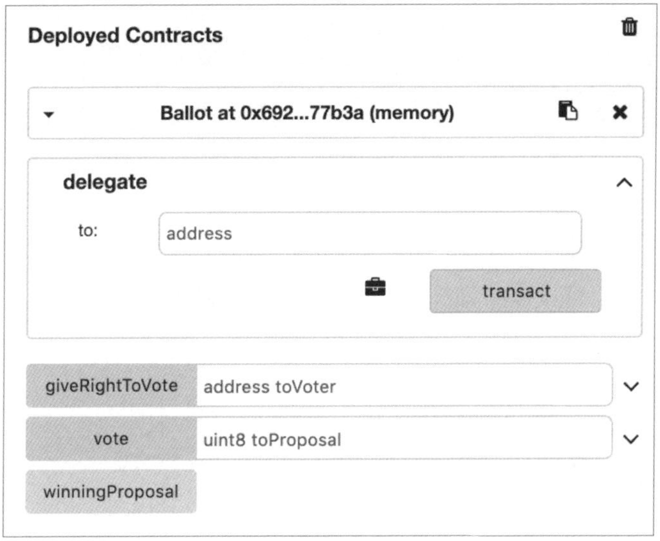

[그림 7-8] 로그

Javascript VM은 테스트용이므로 컨트랙트 배포 즉시 블록에 저장하지만, 기존 사설망에서는 약 13초에 한 번씩 블록을 생성하므로 배포한 컨트랙트가 생성한 블록에 저장될 때까지 기다려야 한다.

배포가 완료되면 다음과 같이 Deployed Contracts에 배포된 컨트랙트 주소가 추가되고, 이를 클릭하면 구현한 함수에 대한 버튼과 인자를 입력할 수 있는 텍스트 필드를 볼 수 있다. 필드에 인자를 입력하고, 개별 컨트랙트 함수 버튼을 클릭하면 해당 함수가 실행될 것이다.

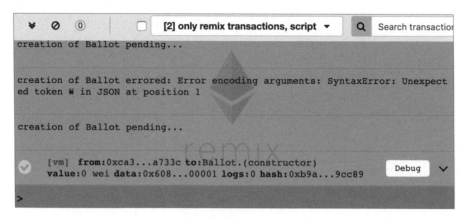

[그림 7-9] Deployed Contracts

블록체인에 컨트랙트를 배포하거나 데이터를 전송하여 컨트랙트 상태를 변경할 때 가스를 소비하게 되고 해당 계정의 잔액이 감소하게 된다.

▌메타마스크

메타마스크(Metamask)는 이더리움을 이용하는 댑에 크롬 브라우저로 쉽게 접근할 수 있는 익스텐션으로서, 이더리움 Web3 API가 들어가 있으므로 모든 웹사이트의 자바스크립트 컨텍스트와 상호작용할 수 있다. 이를 통해 블록체인과 댑이 통신할 수 있다.

이 밖에 메타마스크는 유저가 아이덴티티를 생성하고 관리하는 기능을 제공하는데 이는 블록체인상에 트랜잭션을 보내거나 쓰기를 수행할 때 필요한 부분이다. 유저들은 트랜잭션을 확인하여 이를 승인하고 거절하는 행위를 할 수 있다.

이는 오픈소스(https://github.com/MetaMask/metamask-plugin)로서 공개되어 있으며, 누구나 이를 보고 컨트리뷰트할 수 있다.

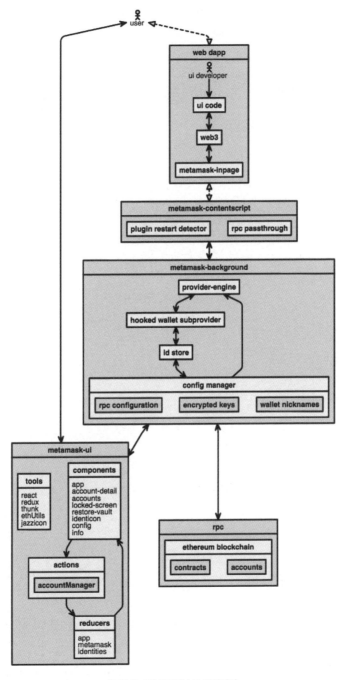

[그림 7-10] 메타마스크 아키텍처

메타마스크를 로그인하고, 상단의 네트워크 선택 부분을 눌러, Ropsten 테스트넷으로 바꾸자.

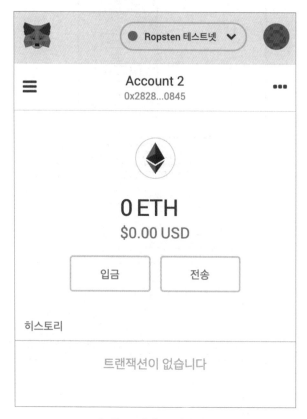

[그림 7-11] 테스트넷 체인지

▌ 프로젝트 생성

우리는 스마트 컨트랙트를 리믹스를 가지고 작성하고, 이를 롭스텐(Ropsten) 테스트넷에 배포할 것이다. 메타마스크를 통해 이 테스트넷과 연동할 수 있으므로 이 프론트엔드 애플리케이션과 통신하기 위해 필요한 것은 컨트랙트 주소와

ABI(Application Binary Interface)이다. 이 ABI는 머신 코드에 접근하기 위한 데이터 구조를 정의한 인터페이스이다.

프론트엔드는 vue-cli 3.0을 사용하여 VueJS 애플리케이션으로 구성할 것이다. 이는 web3를 통해 컨트랙트와 상호작용한다.

먼저, 터미널의 프로젝트 시작 경로에서 다음 명령을 실행하여 vue에서 제공하는 웹팩(webpack) 기반의 스캐폴딩(scaffolding)을 활용한 기본환경을 구축한다.

```
$ vue create bet-dapp
```

vue-cli에서는 미리 세팅된 몇 가지 템플릿을 제공한다. hot-reload, linting(ESLint), unit testing(karma,mocha) 등을 지원한다. 이에 대한 옵션을 체크하여 개별 설치할 수 있다.

설치가 완료되어 이를 열어 보면 다음과 같은 프로젝트 파일이 생성된다. 설치한 옵션에 따라 다르게 보일 수도 있을 것이다.

[그림 7-12] 프로젝트 코드

이제 해당 폴더로 들어가 관련 라이브러리를 설치하도록 한다.

```
$ cd bet-dapp
$ npm install web3@0.20.6 vuex vue-router -s
```

web3 라이브러리와 Vuex, vue-router 라이브러리를 설치한다.

이제 본격적으로 스마트 컨트랙트를 작성해 보자.

▌ 스마트 컨트랙트 작성

먼저, 어떤 기능적인 부분을 시나리오대로 작성할지 고려해 보자.

1. 유저는 1~5 사이의 숫자에 베팅할 수 있다.
2. 이 컨트랙트의 소유자는 컨트랙트의 잔액을 확인하고 가져오거나 소멸시킬 수 있다.
3. 최소 베팅액과 승률이 정의되어 있으며, 이는 고정되어 바꿀 수 없다.

이제 리믹스를 열고 컨트랙트를 작성해 보자. 왼쪽의 '+' 버튼을 눌러 Betting.sol 파일을 생성한다.

```
pragma solidity ^0.4.18;

contract Betting {
    uint minBet; // 최소 베팅액
    uint winRate; // 배당률 (%)
}
```

도입부에는 솔리디티 버전을 명시하고, Betting이라는 이름의 컨트랙트를 만들고 상

130

태변수로서 최소 베팅액과 배당률을 정의한다.

그리고 컨트랙트 안에 커스텀 이벤트를 작성해 보자.

```
event Won(bool _result, uint _amount);
```

해당 베팅의 결괏값을 _result로, 최종적으로 받게 될 액수를 _amount로 하여, 이 벤트를 정의했다.

다음으로, 컨트랙트의 생성자를 만든다.

```
function Betting(uint _minBet, uint _winRate) payable public {
    require(_minBet > 0);
    require(_winRate <= 100);
    minBet = _minBet;
    winRate = _winRate;
}
```

이를 살펴보면 payable을 통해 배포 시에 이더를 미리 가져올 수 있게 한다.

그리고 생성자 함수의 인자로서 최소 베팅액과 배당률을 가져오고, 베팅액과 배당률이 해당 조건을 만족하는지 확인하기 위해 require()을 이용한다.

```
    require(_minBet > 0);
    require(_winRate <= 100);
```

여기서 해당 조건이 만족하지 않으면 이 생성자 프로세스는 도중에 멈추고 throw 된다. 이것이 통과되면 상태변수에 인자값을 저장한다.

다음으로, fallback 함수를 구현하는데, revert() 함수를 호출하는 것은 컨트랙트에 직접적인 금액 전송을 막는 것이다.

```
function() public {
  revert();
}
```

이 Betting 컨트랙트는 이를 배포하는 소유자(owner)만이 호출할 수 있어야 하므로 접근 modifier를 생성하여 이를 연결시켜야 한다. 다음과 같은 컨트랙트를 파일 상단에 작성하자.

```
contract Ownable {
  address owner;
  function Ownable() public {
    owner = msg.sender;
  }

  modifier Owned {
    require(msg.sender == owner);
    _;
  }
}
```

Ownable 컨트랙트의 생성자인 Ownable()이 호출되면 현재 컨트랙트의 생성자 어드레스의 상태가 저장된다. modifier인 Owned는 현재 접근자가 이 컨트랙트의 소유자가 아니면 throw 예외를 내보내게 된다. 그렇지 않으면 다음 로직을 처리한다.

```
contract Mortal is Ownable {
  function kill() public Owned {
    selfdestruct(owner);
  }
}
```

또한, 해당 컨트랙트를 소멸시킬 수 있는 기능을 가지는 Mortal 컨트랙트를 생성한다. 이는 Ownable 컨트랙트를 상속받는다.

kill() 함수의 접근자로 Owned가 설정되어 있기에 해당 컨트랙트의 생성자만이 이를 호출할 수 있고, selfdestruct(owner)를 통해 컨트랙트가 소멸되고 펀드를 되돌려주게 된다.

이제 Betting 컨트랙트에 Mortal을 상속받아서 해당 기능을 Betting 컨트랙트에 사용할 수 있게 하자. 그러면 상속받는 모든 컨트랙트의 기능을 사용할 수 있다.

```
contract Betting is Mortal {
```

다음으로, 실제 베팅이 이루어지는 함수를 Betting 컨트랙트에서 구현해 보자.

```
function bet(uint _num) payable public {
```

bet라는 명칭의 함수를 정의하고, 인자로 베팅하고자 하는 숫자를 넣는다. 실제 이더 전송이 가능한 함수이므로 payable 파라미터를 넣는 것을 잊지 말자.

함수 안에서,

```
require(_num > 0 && _num <= 5);
require(msg.value >= minBet);
```

require 함수를 통해 해당 숫자(_num)가 1부터 5 사이에 있는지 체크하고, 전송하는 이더값(msg.value)이 최소 베팅액(minBet)보다 크거나 같은지 확인한다. 이것을 통과하지 못하면 로직이 더 이상 진행하지 않고 throw 예외를 반환시킨다.

더 나아가기에 앞서, 랜덤 함수를 작성해 보자.

```
function random() public view returns (uint) {
    return uint(keccak256(block.difficulty, block.number, now)) % 5 + 1;
}
```

keccak256은 해시 함수로서 현재 블록의 난이도, 블록 넘버, 타임스탬프를 활용하여 해시 변환을 하고, 이를 uint 형태로 타입 변환을 한다.

그러면 랜덤한 숫자에 5로 나눈 나머지 값에 1을 더하면, 1~5 중에 하나의 숫자가 선택이 될 것이다. 이 숫자를 최종적으로 반환하면 된다.

물론, 이는 완전한 랜덤 함수가 아니고, 보다 복잡한 암호화 지식을 동반하므로 여기서는 이런 식으로 간단하게 구현하도록 한다.

```
uint winNum = random();
```

이제 랜덤 함수를 통해 선택된 숫자를 winNum 변수에 대입한다.

다음으로, 유저가 선택한 숫자와 랜덤 숫자가 맞을 경우, 배당률에 따라 받을 액수를 계산한다.

```
if (_num == winNum) {
    uint amtWon = msg.value * (100 - winRate)/10;
    if(!msg.sender.send(amtWon)) revert();
    Won(true, amtWon);
} else {
    Won(false, 0);
}
```

여기서 배당률이 20%이면 현재 전송한 금액의 8배에 달하는 액수를 받게 된다.

이 계산된 액수인 amtWon을 컨트랙트 호출자(msg.sender)에게 send 함수를 통해 보내는데, 이 전송 과정이 실패할 경우, revert된다.

그리고 나서 앞서 정의한 커스텀 이벤트인 Won을 성공한 결괏값인 true와 받게 될 금액 amtWon을 인자로 넘겨서 디스패치하게 된다.

해당 숫자가 틀리면 결괏값인 false와 0을 인자로 하여 Won 이벤트를 디스패치
한다.

마지막으로, 컨트랙트 소유자가 현재 어드레스의 잔액을 확인할 수 있는 함수를 구
현해 보자.

```
function getBalance() Owned public view returns(uint) {
   return address(this).balance;
}
```

address(this)는 현재 컨트랙트의 어드레스를 가져오며, balance 프로퍼티를 통해
잔액을 반환한다.

이로써 간단한 컨트랙트 작성이 완료되었다.

컨트랙트를 컴파일하기 위해, 'Compile' 탭에서 'Select new compiler version'에
서 현재 솔리디티에 맞는 컴파일러(0.4.18)를 선택한 후, 'Start to compile' 버튼을
클릭한다.

그러면 컴파일이 완료되는 표시가 나온다.

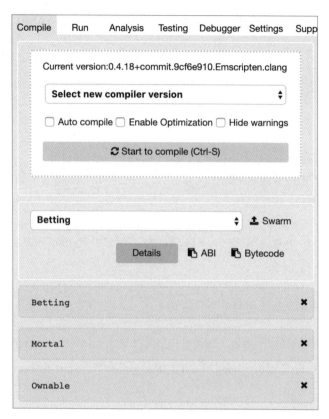

[그림 7-13] 컴파일 완료

▌ 컨트랙트 테스트

오른쪽 상단의 Run 탭을 클릭하면 다양한 설정 필드가 나온다. 여기서 Environment 필드에 Javascript VM을 선택한다. 이는 브라우저 자체의 VM을 통해 테스팅하는 것으로서 가장 간편한 테스트 옵션이다.

이에 따라, Account에 기본 이더가 들어 있는 어드레스가 설정되며, Value 탭에 30을 입력하고, 오른쪽의 단위인 wei를 ether로 바꾼다.

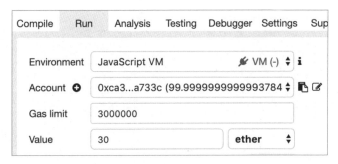

[그림 7-14] 리믹스

그리고 Deploy 영역을 보면, 우리가 정의한 상태값인 _minBet과 _winRate를 입력할 수 있는 필드가 보인다.

_minBet은 wei 단위이므로 100000을 설정하고 _winRate를 20으로 기입한다.

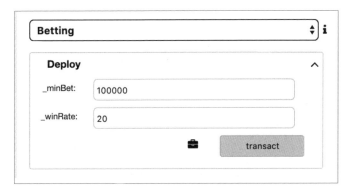

[그림 7-15] deploy

그러고 나서 'transact' 버튼을 클릭한다.

그러면 하단의 콘솔에서 녹색 심벌과 메시지가 출력되는 것을 확인할 수 있다. 이를 클릭하면, 보다 상세한 트랜잭션 정보를 확인할 수 있다.

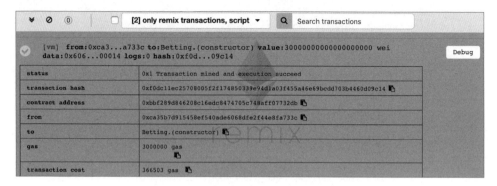

[그림 7-16] 콘솔 상세

이 정보에서 현재 상태는 트랜잭션이 성공적으로 마이닝되었다고 나오고, 보내고 받는 어드레스 및 소비한 가스 정보, 해시값 등의 정보를 확인할 수 있다.

오른쪽 상단의 account 목록을 보면, 남은 잔액이 보이는데, 정확히 30 이더가 차감되지 않은 것은 수수료가 추가로 차감되었기 때문이다.

그리고 오른쪽 하단의 Deployed Contract를 확인해 보면, 배포된 컨트랙트가 표시되는데 이를 클릭해 보자.

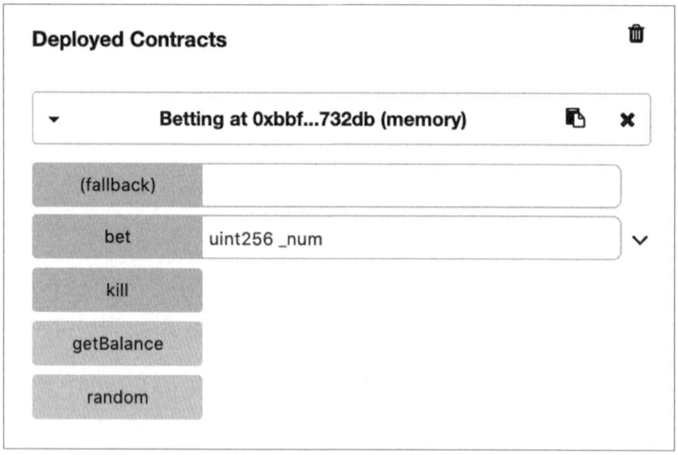

[그림 7-17] deployed contract

138

그러면 우리가 컨트랙트에서 정의한 함수 목록이 표시되는데, 여기서 getBalance 버튼을 클릭하면, 우리가 전송한 이더 잔액이 반환된다. 이는 wei 단위로 변환된 것이다.

이제 bet 함수를 호출하기에 앞서, 상단에 Value로 원하는 값(1 ether)를 넣고, bet 필드의 베팅할 숫자(_num)로서 2를 입력하고, 'transact' 버튼을 클릭한다.

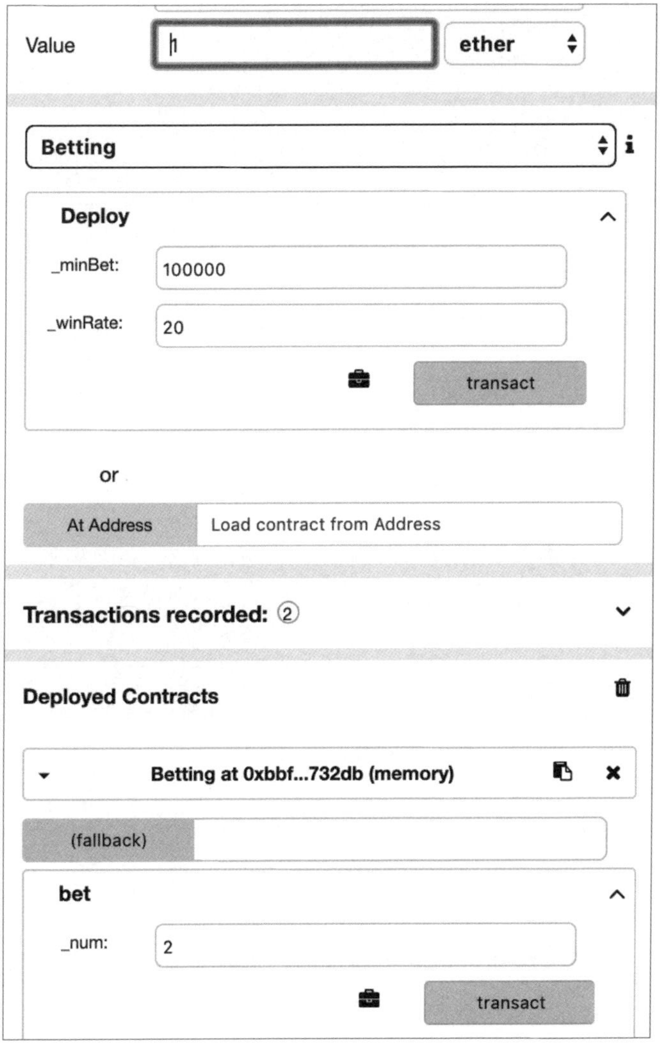

[그림 7-18] bet

그러면 콘솔에서 트랜잭션이 전송된 것이 출력되고, 이를 클릭하여 상세 정보를 보면 logs 필드에서 Won 이벤트를 확인할 수 있다.

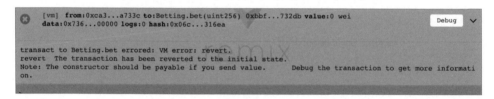

```
logs
[
    {
        "from": "0xbbf289d846208c16edc8474705c748aff07732db",
        "topic": "0x2fda3525453650e1c58417dd4764ce9fc5c5f0f77f345a4
3758186d3d01909d1",
        "event": "Won",
        "args": {
            "0": false,
            "1": "0",
            "_result": false,
            "_amount": "0",
            "length": 2
        }
    }
]
```

[그림 7-19] won 이벤트

_result가 false 혹은 true에 따라, 베팅이 실패 혹은 성공한 것임을 알 수 있다.

만약, bet의 필드로, 0을 입력하면 어떨까?

그러면 다음과 같이 트랜잭션 실패에 대한 로그가 출력되는 것을 확인할 수 있다.

```
[vm] from:0xca3...a733c to:Betting.bet(uint256) 0xbbf...732db value:0 wei          Debug   ∨
data:0x736...00000 logs:0 hash:0x06c...316ea

transact to Betting.bet errored: VM error: revert.
revert   The transaction has been reverted to the initial state.
Note: The constructor should be payable if you send value.          Debug the transaction to get more informati
on.
```

[그림 7-20] 콘솔

트랜잭션이 도중에 revert되었다는 메시지로 봤을 때, 컨트랙트의 조건자가 잘 작동함을 확인할 수 있다.

보다 정교한 컨트랙트를 위해 다양한 조건자를 추가하며 실험해 보면 컨트랙트 작성 향상에 많은 도움이 될 것이다.

140

▌ VueJS로 애플리케이션 구축

이제 프론트엔드를 구성하기 위한 애플리케이션을 만들어 보자. 앞서 설치한 VueJS 애플리케이션 코드를 열어 본다.

/src/components/ 디렉터리에 새로운 betting-dapp.vue 파일과 dapp-metamask.vue 파일을 생성하자.

dapp-metamask.vue 파일의 기본적인 모습은 다음과 같다.

```
<template>
   <p>Metamask</p>
</template>
<script>
export default {
   name: 'dapp-metamask'
}
</script>
<style scoped>
</style>
```

이제 메인 파일인 betting-dapp.vue에 dapp-metamask 컴포넌트를 넣어 보자.

다음과 같이 컴포넌트를 임포트하고, 이를 컴포넌트로 vue 인스턴스로 추가한 후, template에 태그로 삽입한다.

```
<template>
   <DappMetamask/>
</template>
<script>
import DappMetamask from '@/components/dapp-metamask'
export default {
   name: 'betting-dapp',
   components: {
```

```
      DappMetamask
    }
}
</script>
<style scoped>
</style>
```

라우팅을 연동하기 위해, /src/router.js 파일을 생성하고 vue-router 라이브러리
를 이용하여, 루트 URL을 betting-dapp.vue 컴포넌트를 연동한다.

```
import Vue from 'vue'
import Router from 'vue-router'
import BettingDapp from '@/components/betting-dapp'
Vue.use(Router)

export default new Router({
 routes: [
   {
     path: '/',
     name: 'betting-dapp',
     component: BettingDapp
   }
 ]
})
```

이와 같이 연결하고자 하는 패스에 컴포넌트를 연동할 수 있다.

main.js에 들어가서 다음과 같이 라우터를 연동한다.

```
import Vue from 'vue'
import App from './App.vue'
import router from './router'

Vue.config.productionTip = false
```

```
new Vue({
    router,
    render: h => h(App),
}).$mount('#app')
```

또한, 메인 App.vue 파일에서 router-view 컴포넌트를 배치한다.

```
<template>
    <div id="app">
        <router-view></router-view>
    </div>
</template>

<script>
export default {
    name: 'app'
}
</script>
```

이로써 해당 패스에 들어가면 연결된 컴포넌트가 렌더링되는데, 이는 App.vue 파일에서 router-view 태그가 연결된 컴포넌트를 렌더링하기 때문이다.

프로젝트 루트에서,

```
$ npm run serve
```

를 실행하고, http://localhost:8080에 접속하여 현재까지 연동된 상태를 확인하자.

네트워크 설정을 위해 src/network/networks.js 파일을 생성하자.

그리고 다음과 같이 작성한다.

```
export const NETWORKS = {
```

```
'1': 'Main Net',
'2': 'Deprecated Morden test network',
'3': 'Ropsten test network',
'4': 'Rinkeby test network',
'42': 'Kovan test network',
'4447': 'Truffle Develop Network',
'5777': 'Ganache Blockchain'
}
```

이는 메타마스크와 연동되는 프로바이더(provider)에 맞는 네트워크 이름을 표시하기 위한 상수 모음이다.

▌ Vuex와의 연동

이번에는 Vuex를 활용하여 store을 세팅해 본다.

Vuex는 리액트의 리덕스(Redux)와 같이, 상태를 관리하기 위해 사용하는 라이브러리로서 데이터에 대한 일방향적인 흐름을 제어한다.

가령, 컴포넌트가 렌더링될 때 데이터를 가져오는 경우, 이 데이터를 가져오는 액션을 디스패치하고 API 호출을 통해 데이터를 싱크할 것이다. 데이터를 가져왔으면, 뮤테이션(mutation)에 이를 커밋(commit)하고 이는 스토어의 스테이트를 변조하게 된다. 이 컴포넌트가 사용하는 데이터가 변경되면, 컴포넌트는 리렌더링하게 된다.

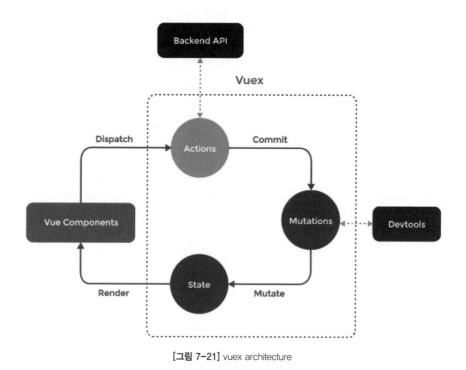

[그림 7-21] vuex architecture

src 폴더 안에 store라는 디렉터리를 생성하자.

그리고 store 디렉터리에서 index.js와 state.js 두 개의 파일을 생성해 보자.

index.js는 다음과 같이 구성된다.

```
import Vue from 'vue'
import Vuex from 'vuex'
import state from './state'
Vue.use(Vuex)
export const store = new Vuex.Store({
 strict: true,
 state,
 mutations: {},
 actions: {}
})
```

Vuex 라이브러리를 임포트하고, Vuex.Store 인스턴스를 생성하여 초기화한다.

여기에 임포트되는 state.js는 다음과 같이 작성한다.

```
const state = {
 web3: {
    isInjected: false,
    web3Instance: null,
    networkId: null,
    coinbase: null,
    balance: null,
    error: null
 },
 contractInstance: null
}
export default state
```

web3와 컨트랙트의 인스턴스를 state의 오브젝트로 구성하였다.

마지막으로, main.js에 앞서 만든 store을 임포트하고 Vue의 인자로 삽입한다.

```
import Vue from 'vue'
import App from './App.vue'
import router from './router'
import { store } from './store/'
Vue.config.productionTip = false
new Vue({
    router,
    store,
    render: h => h(App),
}).$mount('#app')
```

약간 번거로운 작업이었지만, 이제 애플리케이션에서 메타마스크의 데이터를 관리
하고 접근하기 위한 초기 구성이 완료되었다.

▌ Web3와 메타마스크 연동

본격적으로 Web3와 메타마스크를 연동하는 작업을 시작해 보겠다.

앞서 Vuex를 구축하였는데, 액션을 디스패치하면 API를 호출하고 데이터를 가져와서 애플리케이션에 주입시키는 형태로 동작한다. 이는 여러 프로미스를 활용하여 프로세스가 연결된다.

/src/network 폴더에 getWeb3.js 파일을 생성한다. 이 파일에서는 web3JS API를 이용하여 가져올 수 있는 정보를 취합해 보겠다.

먼저, web3 라이브러리를 임포트한다. 그리고 getWeb3 프로미스 함수를 구현한다.

```
import Web3 from 'web3'

const getWeb3 = new Promise(function (resolve, reject) {
    const web3js = window.web3
    if (typeof web3js !== 'undefined') {
        const web3 = new Web3(web3js.currentProvider)
        resolve({
            injectedWeb3: web3.isConnected(),
            web3 () {
                return web3
            }
        })
    } else {
        reject(new Error('Unable to connect to Metamask'))
    }
})
```

getWeb3라는 프로미스를 만들고, 이 안의 함수에서 window.web3를 통해 현재 브라우저에서 참조하고 있는 web3가 있는지 체크한다.

메타마스크가 설치되어 있지 않으면 window.web3가 undefined이므로, 이를 reject한다. 이 분기에서 메타마스크가 아닌 가나슈 등과 같은 다른 프로바이더를 연결하거나 메타마스크 다운로드 링크로 연결할 수 있다.

메타마스크가 설치되어 있으면 메타마스크가 자체 web3 인스턴스를 주입하므로, 해당 인스턴스를 web3js.currentProvider로 현재 프로파이더를 설정한다.

그리고 이를 resolve 오브젝트로서, 현재 연결 정보와 web3 오브젝트를 반환한다.

우리는 이 web3 오브젝트를 getWeb3 함수의 프로미스 체인으로 넘긴다.

```
.then(result => {
    return new Promise(function (resolve, reject) {
        result.web3().version.getNetwork((err, networkId) => {
            if (err) {
                reject(new Error('Unable to retrieve network ID'))
            } else {
                result = {...result, networkId}
                resolve(result)
            }
        })
    })
})
```

result.web3()를 통해 web3 오브젝트에 접근하여, 우리가 연결한 네트워크 정보를 가져오는 것을 구현하였다.

result = {...result, networkId}는 스프레드 연산자를 활용하여 기존 result 오브젝트에 networkId 프로퍼티를 추가하는 것이다.

```
.then(result => {
    return new Promise(function (resolve, reject) {
        result.web3().eth.getCoinbase((err, coinbase) => {
            if (err) {
                reject(new Error('Unable to retrieve coinbase'))
```

```
        } else {
            result = {...result, coinbase}
            resolve(result)
        }
    })
  })
})
```

그리고 web3().eth.getCoinbase 함수를 이용하여, 마이닝을 하고 코인을 얻는 코인베이스 어드레스 정보를 가져온다.

```
.then(result => {
    return new Promise(function (resolve, reject) {
        result.web3().eth.getBalance(result.coinbase, (err, balance) => {
            if (err) {
                reject(new Error('Unable to retrieve balance for address:
                ' + result.coinbase))
            } else {
                result = {...result, balance}
                resolve(result)
            }
        })
    })
})
```

마지막으로, web3().eth.getBalance 함수의 인자로 result.coinbase 어드레스를 넘겨서 해당 어드레스에 있는 잔액 정보를 가져온다.

다음과 같이 getWeb3 프로미스 객체를 익스포트하여 다른 곳에서 사용할 수 있도록 한다.

```
export default getWeb3
```

이제 이 getWeb3를 Vuex의 store에서 불러와서 사용하겠다.

store/index.js 파일을 열고, 다음과 같이 getWeb3.js 파일을 임포트한다.

```
import getWeb3 from '../network/getWeb3'
```

그리고 store의 actions 오브젝트 안에 이 web3를 등록하여 전역적으로 이 객체를 매니징할 수 있는 상태를 구현한다.

```
registerWeb3 ({commit}) {
    getWeb3.then(result => {
        console.log('commit result')
        commit('registerWeb3Instance', result)
    }).catch(e => {
        console.error('error', e)
    })
},
```

getWeb3 프로미스를 통해 해당 결과를 가져와서 vuex의 commit 함수를 호출하여 registerWeb3Instance 함수에 이를 커밋한다.

그러면 mutations 오브젝트 안에 registerWeb3Instance 함수를 구현하여, 이 스테이트 객체를 스토어에 저장하는 부분을 만들어 보자.

```
registerWeb3Instance (state, data) {
    console.log('registerWeb3instance', data)
    const result = data
    let newWeb3 = state.web3
    newWeb3.coinbase = result.coinbase
    newWeb3.networkId = result.networkId
    newWeb3.balance = parseInt(result.balance, 10)
    newWeb3.isInjected = result.injectedWeb3
    newWeb3.web3Instance = result.web3
    state.web3 = newWeb3
}
```

registerWeb3Instance의 첫 번째 파라미터는 state 객체에 접근이 가능한 파라미터이고, 두 번째 파라미터인 data에 우리가 앞서 registerWeb3Instance로 커밋한 인자인 getWeb3를 통해 가져온 web3 데이터를 전달받게 된다.

이 데이터의 정보를 새 오브젝트의 인자로 넣고 이를 state.web3 오브젝트로 저장한다. 그러면 기존 state의 web3 오브젝트가 업데이트되는 로직이 구현된다.

외부에서 해당 액션을 디스패치하면 registerWeb3 함수가 실행되고, 이에 대한 상태값이 registerWeb3Instance를 통해 업데이트되어 컴포넌트가 리렌더링되는 것이다.

이 액션 디스패치를 메인 앱인 betting-dapp.vue에서 구현해 보자.

```
export default {
    name: 'betting-dapp',
    beforeCreate () {
        console.log('registerWeb3 Action dispatched')
        this.$store.dispatch('registerWeb3')
    },
    components: {
        'dapp-metamask': DappMetamask
    }
}
```

this.$store을 통해 전역 store 객체에 접근하여 dispatch(<액션 메서드>)를 실행하였다. 이 구문은 beforeCreate() 함수 안에서 호출하여 컴포넌트의 라이프 사이클의 컴포넌트가 생성되기 전에 이 액션을 호출한다.

이제 이 데이터를 DappMetamask.vue 컴포넌트에 렌더링해 보자.

```
<template>
 <div class='metamask-info'>
    <p>연결 상태 : {{ web3.isInjected }}</p>
```

```
    <p>네트워크: {{ web3.networkId }}</p>
    <p>코인베이스 주소: {{ web3.coinbase }}</p>
    <p>잔액: {{ web3.balance }}</p>
  </div>
</template>
<script>
export default {
  name: 'dapp-metamask',
  computed: {
    web3 () {
        return this.$store.state.web3
      }
    }
}
</script>
```

computed를 활용하여, web3 객체가 Vuex store의 state.web3 오브젝트를 참조
하게 하였고, 이를 템플릿 안에서 바인딩하여 출력할 수 있다.

이제 코드를 저장하고 터미널에서 다음을 실행하여,

```
$ npm run serve
```

http://localhost:8080을 브라우저에서 접속해 보자.

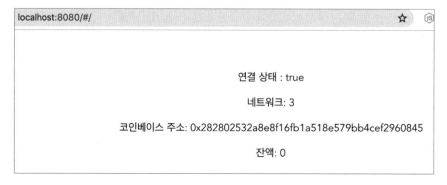

[그림 7-22] 브라우저 화면

메타마스크가 로그인되어 있다면 이와 같이 메타마스크와 연동된 데이터가 출력될 것이다.

구글 개발자 도구를 열면 다음과 같이 vuex에서 스테이트 관리가 호출되는 모습을 로그 메시지를 통해 확인할 수 있다.

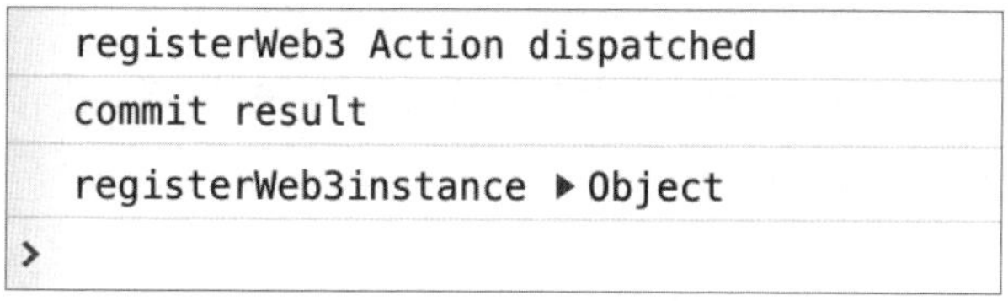

```
registerWeb3 Action dispatched
commit result
registerWeb3instance ▶ Object
>
```

[그림 7-23] 콘솔 로그

현재 애플리케이션은 메타마스크의 어카운트 정보를 가져와 이를 출력하고 있는데, 만약 메타마스크에서 어카운트를 바꾸는 등의 상태를 변화하면 어떨까?

이를 바로 반응할 수 있게 만들어 보자.

주기적으로 현재 상태를 감지하고 있다가 변화된 상태가 캐치되면, 액션이 디스패치 되는 형태로 구현한다.

/src/network 폴더에 pollWeb3.js 파일을 생성하자.

이 파일을 열고 다음과 같이, web3 라이브러리와 스토어를 임포트한다.

```
import Web3 from 'web3'
import {store} from '../store/'
```

그리고 익스포트 가능한 함수 구현체를 정의한다.

```
const pollWeb3 = function (state) {
    let web3 = window.web3
```

```
    web3 = new Web3(web3.currentProvider)

    setInterval(() => {

    }, 700)
}
export default pollWeb3
```

web3 인스턴스를 현재 프로바이더로 생성하고 주기적인 함수 실행을 위해 setInterval 함수를 사용한다.

이 setInterval 함수 안에 web3 라이브러리와 store의 상태값으로 web3Instance 가 있는지 체크한 후,

```
if (!web3 || !store.state.web3.web3Instance) {
    return;
}

if (web3.eth.coinbase !== store.state.web3.coinbase) {
    const newCoinbase = web3.eth.coinbase
    web3.eth.getBalance(web3.eth.coinbase, function (err, newBalance) {
        if (err) {
            console.error(err)
        } else {
            store.dispatch('updateWeb3', {
                coinbase: newCoinbase,
                balance: parseInt(newBalance, 10)
            })
        }
    })
}
```

이와 같이 코인베이스 어드레스가 같지 않으면, newCoinbase로 새 코인베이스 어 드레스를 가져와서 web3.eth.getBalance() 함수의 인자로 넘긴다.

그에 대한 데이터를 가져와서 스토어에 updateWeb3 액션을 coinbase와 balance 값과 함께 디스패치한다.

만약, 코인베이스 어드레스가 같으면 스토어에 저장된 코인베이스 어드레스를 가져와 잔액을 구하고, 이 가져온 잔액이 스토어에 저장된 잔액과 다를 경우에만 앞서와 같이 스토어에 updateWeb3 액션을 디스패치한다.

```
else {
        web3.eth.getBalance(store.state.web3.coinbase, (err,
        newBalance) => {
          if (err) {
            console.log(err)
          } else if (parseInt(newBalance, 10) !== store.state.web3.
          balance) {
            store.dispatch('updateWeb3', {
              coinbase: store.state.web3.coinbase,
              balance: newBalance
            })
          }
        })
}
```

이와 같이 코인베이스 어드레스나 잔액이 변경되면, 스토어에 새 데이터로 업데이트되고 이 스토어를 감지하고 있는 dapp-metamask 컴포넌트의 데이터가 변경된다.

이제, store/index.js를 열고, 다음과 같이 pollWeb3.js 파일을 상단에 임포트한다.

```
import pollWeb3 from '../network/pollWeb3'
```

그리고 registerWeb3Instance에 임포트한 pollWeb3를 실행하는 함수를 추가한다.

```
registerWeb3Instance (state, data) {
    console.log('registerWeb3instance', data)
    const result = data
    let newWeb3 = state.web3
    newWeb3.coinbase = result.coinbase
    newWeb3.networkId = result.networkId
    newWeb3.balance = parseInt(result.balance, 10)
    newWeb3.isInjected = result.injectedWeb3
    newWeb3.web3Instance = result.web3
    state.web3 = newWeb3
    pollWeb3()
}
```

actions 오브젝트에 updateWeb3 액션을 추가한다.

```
updateWeb3 ({commit}, data) {
    commit('updateWeb3Instance', data)
}
```

이 updateWeb3Instance 커밋 함수는 mutations에 추가한다.

```
updateWeb3Instance (state, data) {
    console.log('updateWeb3Instance', data)
    state.web3.coinbase = data.coinbase
    state.web3.balance = parseInt(data.balance, 10)
},
```

이 함수에서 데이터를 인자로 받아 상태 데이터를 업데이트한다. 이와 같이 상태 관리를 위해 일방향적인 흐름으로 가는 것이 Vuex의 공통된 패턴이다.

이제 메타마스크와 잔액이 변경되면, 리프레시하지 않고도 바로 이 변경된 정보를 볼 수 있다.

마지막으로, 컨트랙트 연동을 위한 함수를 구축하기 위해 /src/networks 폴더에서

getContract.js 파일을 생성하자.

그리고 다음과 같이 작성한다.

```
import Web3 from 'web3'
import {address, ABI} from './betContract'
const getContract = new Promise(function (resolve, reject) {
 const web3 = new Web3(window.web3.currentProvider)
 const betContract = web3.eth.contract(ABI)
 const betContractInstance = betContract.at(address)
 resolve(betContractInstance)
})
export default getContract
```

앞으로 만들 betContract 파일을 임포트하고 이 파일로부터 가져온 ABI를 web3.eth.contract의 인자로 넘겨서 컨트랙트 오브젝트를 만든다.

그리고 나서 betContract.at의 인자로 컨트랙트 어드레스를 넘겨서 인스턴스를 리졸브하는데, 이를 통해 인스턴스에 배포된 컨트랙트의 메서드와 이벤트를 호출할 수 있는 것이다.

이제 vuex를 활용해 해당 인스턴스를 연동하는 로직을 만들어 보자.

betting-component.vue 파일을 생성하고, 다음과 같이 컴포넌트가 mounted된 시기에 액션을 디스패치한다.

```
<template>
 <div>
    <h2>Betting component</h2>
 </div>
</template>
<script>
export default {
   name: 'betting-component',
```

```
   mounted () {
     this.$store.dispatch('getContractInstance')
   }

}
</script>
```

그리고 store/index.js에서 상단에 앞서 만든 getContract.js 파일을 임포트한다.

```
import getContract from '../network/getContract'
```

actions 오브젝트에 추가할 액션으로 다음과 같이 정의한다.

```
getContractInstance ({commit}) {
   getContract.then(result => {
     commit('registerContractInstance', result)
   }).catch(e => console.log(e))
}
```

그리고 이에 mutations에 추가할 커밋 함수를 정의한다.

```
registerContractInstance (state, data) {
   console.log('contract instance: ', data)
   state.contractInstance = () => data
}
```

이로써 스토어에서 컨트랙트 인스턴스를 관리할 수 있다.

/src/store/index.js 파일의 전체 코드는 다음과 같다.

```
import Vue from 'vue'
import Vuex from 'vuex'
import state from './state'
```

```
import getWeb3 from '../network/getWeb3'
import pollWeb3 from '../network/pollWeb3'
import getContract from '../network/getContract'

Vue.use(Vuex)
export const store = new Vuex.Store({
 strict: true,
 state,
 mutations: {
    registerWeb3Instance (state, data) {
        console.log('registerWeb3instance', data)
        const result = data
        let newWeb3 = state.web3
        newWeb3.coinbase = result.coinbase
        newWeb3.networkId = result.networkId
        newWeb3.balance = parseInt(result.balance, 10)
        newWeb3.isInjected = result.injectedWeb3
        newWeb3.web3Instance = result.web3
        state.web3 = newWeb3
        pollWeb3()
    },

    updateWeb3Instance (state, data) {
        console.log('updateWeb3Instance', data)
        state.web3.coinbase = data.coinbase
        state.web3.balance = parseInt(data.balance, 10)
    },

    registerContractInstance (state, data) {
        console.log('contract instance: ', data)
        state.contractInstance = () => data
    }

 },
 actions: {
     registerWeb3 ({commit}) {
        getWeb3.then(result => {
           console.log('commit result')
           commit('registerWeb3Instance', result)
        }).catch(e => {
```

```
        console.error('error', e)
      })
    },

    updateWeb3 ({commit}, data) {
      commit('updateWeb3Instance', data)
    },

    getContractInstance ({commit}) {
      getContract.then(result => {
       commit('registerContractInstance', result)
      }).catch(e => console.log(e))
    }
  }
})
```

▌ 컨트랙트 연동

컴포넌트에 컨트랙트를 통한 데이터 연동을 작업해 보자.

betting-component.vue의 data 프로퍼티에 다음과 같은 변수를 추가한다.

```
data() {
    return {
       amount: null,
       pending: false,
       winEvent: null
    }
},
```

그리고 유저가 각 숫자를 클릭했을 때의 이벤트를 연동해 본다. 유저가 해당 숫자를 클릭했을 때, 컨트랙트의 bet() 함수를 호출한다. 그러면 로딩바가 돌아가고, 해당 이벤트를 받으면 로딩바가 사라진다.

이 관련 액션은 methods에 정의한다.

```
methods: {
    _clickNumber (event) {
        this.winEvent = null
        this.pending = true
        this.$store.state.contractInstance().bet(event.target.
        innerHTML, {
            gas: 300000,
            value: this.$store.state.web3.web3Instance().toWei(this.
            amount, 'ether'),
            from: this.$store.state.web3.coinbase
        }, (err, result) => {
            if (err) {
                console.error(err)
                this.pending = false
            } else {
                const Won = this.$store.state.contractInstance().Won()
                Won.watch((err, result) => {
                    if (err) {
                        console.error('won', error)
                    } else {
                        this.winEvent = result.args
                        this.winEvent._amount = parseInt(result.args._
                        amount, 10)
                        this.pending = false
                    }
                })
            }
        })
    }
}
```

this.$store.state.contractInstance()의 bet() 함수를 호출함으로써 이에 대한 인자로 현재 선택한 숫자(event.target.innerHTML)와 트랜잭션을 위한 파라미터 오브젝트를 전달한다.

이 트랜잭션 파라미터 오브젝트는 베팅 금액, 코인베이스 어드레스, 가스로 이루어진다. 여기서 베팅 금액은 web3.toWei() 함수를 통해 wei로 변환하여 전달된다.

마지막 파라미터로 콜백 함수를 구현하는데, this.$store.state.contractInstance(). Won()을 통해 Won 이벤트를 가져와서 Won.watch()로 이벤트 호출을 감지한다.

이벤트 호출이 감지되면 이벤트와 함께 전달된 데이터를 winEvent 변수에 넣는다.

이제 컴포넌트의 UI 부분을 작성해 보자.

```
<template>
  <div class="betting">
    <h1>Bet Dapp Test</h1>
    Amount: <input v-model="amount" placeholder="0 Ether">
    <ul>
      <li v-on:click="_clickNumber">1</li>
      <li v-on:click="_clickNumber">2</li>
      <li v-on:click="_clickNumber">3</li>
      <li v-on:click="_clickNumber">4</li>
      <li v-on:click="_clickNumber">5</li>
    </ul>
    <div v-if="pending" id="loader">Loading...</div>
    <div class="event" v-if="winEvent">
      Won: {{ winEvent._result }}
      Amount: {{ winEvent._amount }} Wei
    </div>
  </div>
</template>


<style scoped>
.betting {
 margin-top: 50px;
 text-align:center;
}
ul {
 margin: 25px;
```

```
 list-style-type: none;
 display: grid;
 grid-template-columns: repeat(5, 1fr);
 grid-column-gap:25px;
}
li{
 padding: 20px;
 margin-right: 3px;
 border-radius: 30%;
 cursor: pointer;
 background-color:#fff;
 color: #4b08e0;
 box-shadow:3px 5px 1px #4b08e0;
}
li:hover{
 background-color:#4b08e0;
 color:white;
 box-shadow:0px 0px 1px #4b08e0;
}
li:active{
 opacity: 0.7;
}
*{
 color: #444444;
}
</style>
```

▌ 메타마스크와의 연동

이제 컨트랙트로 다시 돌아와서, 컨트랙트를 Ropsten 네트워크로 배포한 후, 메타마스크와 연동해 보겠다.

먼저, 메타마스크 익스텐션을 실행하여, 비밀번호를 넣고 메인 화면으로 이동한다.

상단에 이더리움 메인넷에서 Ropsten 테스트넷으로 변경되었는지 확인한다.

테스트로 사용할 이더를 사용하기 위해 Faucet을 활용해 보자. '입금' 버튼을 클릭하면 다음과 같은 화면이 보이는데,

[그림 7-24] 메타마스크 입금 후

아래 'Faucet 테스트'의 '이더 얻기'를 클릭하면 다음 링크(https://faucet.metamask.io/)로 이동한다.

상단에 'request 1 ether from faucet' 버튼을 클릭하면 트랜잭션 승인 팝업창이 나타나고, 승인하면 아래 transaction에 해시가 출력된다.

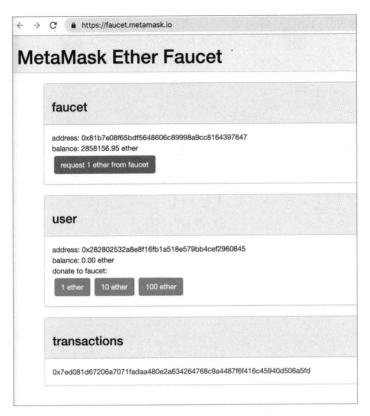

[그림 7-25] faucet

메타마스크를 다시 열어 보면 고맙게도 1이더가 입금되어 있는 것을 볼 수 있다.

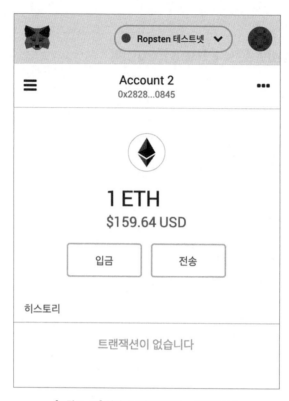

[그림 7-26] 업데이트된 어드레스 – 메타마스크

이제 컨트랙트를 Ropsten 네트워크를 배포하기 위해, 컨트랙트가 작성되어 있는 리믹스를 열자.

Run 탭의 Environment 필드에 'Injected Web3 (ropsten)'으로 선택한다. 그리고 'Account' 필드로 현재 메타마스크의 어드레스가 설정되어 있는지 확인한다.

이제 앞서 테스트한 것과 동일한 방식으로 deploy를 한다. deploy 필드의 _minBet에 10000과 _winRate로 40을 넣고 transact 버튼을 누른다.

그러면 트랜잭션 업로드를 위한 메타마스크 팝업이 뜨고 이를 승인한다.

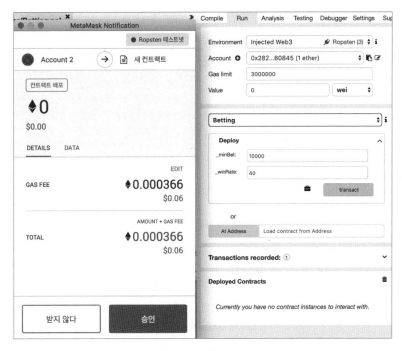

[그림 7-27] deploy

JavascriptVM과 달리, 어느 정도 펜딩(pending)이 이루어진 다음, 트랜잭션이 컨펌된다.

컨펌이 완료되면 로그 및 ropsten 블록체인 익스플로러에서 해당 트랜잭션 정보를 볼 수 있다.

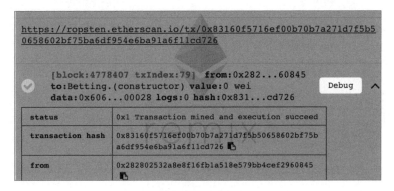

[그림 7-28] 트랜잭션 로그

To 필드를 보면 컨트랙트 어드레스를 확인할 수 있는데, 이를 잘 복사해 두자.

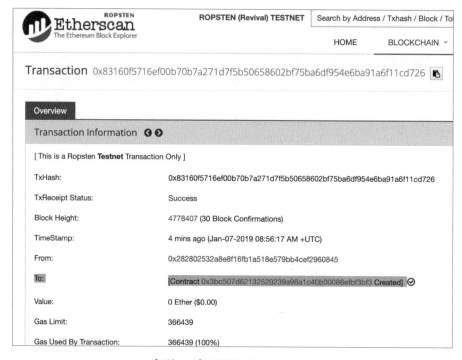

[그림 7-29] 트랜잭션 – block explorer

또한, ABI를 확인하기 위해 'compile' 탭으로 들어가 'Details' 버튼을 클릭해 본다.

[그림 7-30] Details 버튼

여기서 ABI 필드를 확인할 수 있다. 이를 클릭하면 복사가 된다.

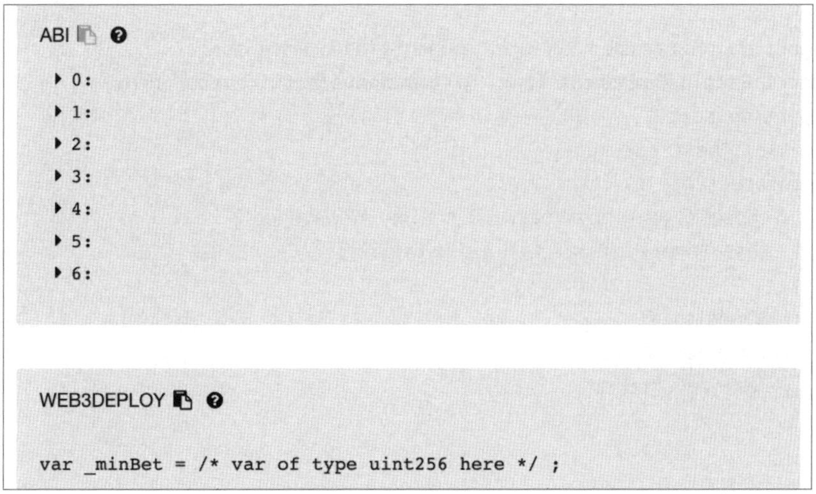

```
ABI 📋 ❷
  ▸ 0:
  ▸ 1:
  ▸ 2:
  ▸ 3:
  ▸ 4:
  ▸ 5:
  ▸ 6:


WEB3DEPLOY 📋 ❷

var _minBet = /* var of type uint256 here */ ;
```

[그림 7-31] ABI 필드

이제 프론트엔드 애플리케이션으로 돌아와서, /src/network 디렉터리에서 betContract.js 파일을 만들고, 앞서 가져온 컨트랙트 어드레스와 ABI를 기입하여 정보를 다음과 같이 구성한다.

```
const address = '0x…………..' // 컨트랙트 어드레스
const ABI = […] // 복사한 ABI
export {address, ABI}
```

이제, 거의 마무리 단계에 왔다.

betting-dapp.vue 파일을 열고, 앞서 만든 betting-component.vue 파일을 다음과 같이 임포트한다.

```
<template>
  <div>
    <DappMetamask />
    <BettingComponent />
  </div>
</template>
```

```
<script>
import DappMetamask from '@/components/dapp-metamask'
import BettingComponent from '@/components/betting-component'
export default {
  name: 'betting-dapp',
  beforeCreate () {
    console.log('registerWeb3 Action dispatched')
    this.$store.dispatch('registerWeb3')
  },
  components: {
    DappMetamask,
    BettingComponent
  }
}
</script>
```

터미널에서

```
$ npm run serve
```

를 실행하여, 애플리케이션을 실행하고, http://localhost:8080를 웹 브라우저로
들어가 보자.

다음과 같은 화면이 나올 것이다.

[그림 7-32] 브라우저

170

amount 필드에 베팅액(0.1)을 기입하고, 아무 숫자를 선택해 본다.

그러면 연동된 메타마스크 팝업 혹은 익스텐션에서 메타마스크를 클릭하여, 해당 트랜잭션을 승인해 보자.

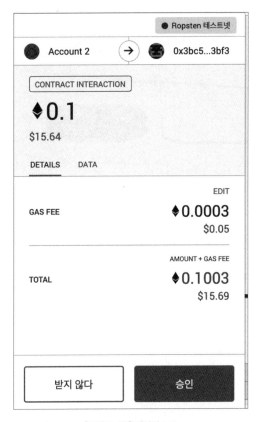

[그림 7-33] 메타마스크

트랜잭션 컨펌이 완료되면 확인 노티피케이션이 표시되고, 표시된 정보를 확인하면 잔액이 변화된 것을 확인할 수 있다.

베팅 결과에 따라서 다음과 같은 결괏값 정보가 표시된다.

[그림 7-34] 결과

이것으로 간단한 베팅 댑 서비스를 만들어 보았다.

Chapter ——————————————————— **8**

채팅 기반의 투표 댑 만들기

▌ 개요

이번 장에서는 채팅 기반의 투표 댑을 만들어 보자.

이에 대한 시나리오는 다음과 같다.

유저가 채팅방에 들어와서 이야기를 나누다가 함께 투표할 건이 생기면 투표 팝업창을 열고 투표를 한다.

카카오톡 채팅방의 투표 기능과 비슷하지만, 이 투표의 결과는 블록체인상에 투명하게 기록되므로 누군가가 이를 변조할 수 없다.

투표를 하고 이를 조회하는 간단한 댑을 구현한다. 또한, 크라우드 펀드 컨트랙트를 구현하고, 이를 인푸라(Infura)를 통한 롭스텐 네트워크에 배포한다.

채팅을 구현하기 위해 socket.io 라이브러리가 사용될 것이고, 서버는 node.js와 express 프레임워크, 프론트엔드는 VueJS, 테스트 이더리움 노드로 사용할 가나슈, 트러플 프레임워크를 이용한다.

물론, 스마트 컨트랙트는 솔리디티로 작성한다.

▌ 환경 설정

먼저, 테스트 목적으로 사용할 인메모리 블록체인인 가나슈를 설치해 보자. 이를 사용하면, 네트워크와의 연결이 필요 없이 로컬에서 작동하고 작성한 컨트랙트를 손쉽게 배포 및 테스트할 수 있다.

https://truffleframework.com/ganache에서 운영체제에 맞는 버전을 설치할 수 있다.

설치 후에 가나슈를 열면 다음과 같은 화면이 나타난다.

[그림 8-1] 가나슈 화면

상단에는 4개의 탭이 있다.

- Accounts: 계정 목록이며, 10개의 계정이 들어 있고, 각각 100 ETH를 보유하고 있다. 이는 물론 로컬에서만 거래할 수 있다.
- Blocks: 생성된 블록의 히스토리, 사용된 가스 등이 표시된다.
- Transactions: 생성된 거래의 전체 히스토리를 나타낸다.
- Logs: 컨트랙트 배포 및 실행 시, 디버깅을 위한 로그가 표시된다.

상단 헤더에는 RPC 서버 URI와 네트워크 ID 등의 현 네트워크 정보와 니모닉 코드가 있다. 이는 개인키로 여러 계정을 관리하는 용도로 사용된다.

▎ 트러플 활용하기

새로운 디렉터리를 생성한다.

```
$ mkdir backend-chatdapp && cd backend-chatdapp
```

트러플 초기 프로젝트를 다음의 명령으로 구성한다.

```
$ truffle init
```

그러면 컨트랙트 폴더와 마이그레이션 및 테스트 폴더, 트러플 구성 파일로 이루어진다.

truffle-config.js를 열어 가나슈 네트워크를 networks 오브젝트에 추가한다.

```
module.exports = {
  networks: {
    development: {
      host: '127.0.0.1',
```

```
        port: 7545,
        network_id: '*' // Match any network id
    }
  }
}
```

host의 127.0.0.1은 로컬 네트워크를 의미하고, 7545 포트로 가나슈의 포트와 연동되었다.

또한, network_id: '*'는 어떤 네트워크든 모두 허용하는데, 만약 메인넷인 경우 network_id는 1, 테스트넷인 경우 2 등의 ID를 부여한다.

▌ 컨트랙트 작성

이제, 컨트랙트를 작성할 차례다.

contracts/ 디렉터리에 Vote.sol 파일을 생성한다.

해당 파일에서 솔리디티 버전 정보와 컨트랙트 생성자를 기입하자.

```
pragma solidity ^0.4.23;

contract Vote {
  bytes32[] public optionList;

  constructor(bytes32[] options) public {
    optionList = options;
  }
}
```

생성자에서 투표를 위한 옵션 리스트를 인자로 받았다. 해당 옵션의 타입은 bytes32로 정의하였다.

176

이제, 해당 투표 결과를 저장하기 위한 맵을 정의하자.

```
mapping (address => bytes32) public uservotes;
mapping (bytes32 => uint8) public votes;
```

하나는 유저가 해당 보기에 투표한 결과를 저장하는 uservotes이며, 이는 유저 어드레스의 키와 보기 제목이 매핑된다.

votes는 해당 보기마다 전체 투표 카운트를 저장하는 맵으로서, 보기 제목과 카운트가 매핑된다.

투표를 하는 함수는 다음과 같다.

```
function voting(bytes32 option) public {
    require(uservotes[msg.sender]!='');
    uservotes[msg.sender] = option;
    votes[option] += 1;

    VoteCompleted(option, votes[option]);
}
```

vote 함수의 인자로서 보기(option)를 가져오며, require 함수를 통해 현재 uservotes에 접근하여 현재 유저가 보팅(voting)을 했는지를 체크한 후, 보팅하지 않았을 경우에만 다음 구문을 실행한다.

그리고 유저 어드레스를 키로 하는 uservotes 맵에 접근하여 보기값을 대입한다. 또한, 해당 보기값을 키로 하는 votes에 접근하여 카운트 1을 추가한다.

VoteCompleted()는 이벤트를 송출하는 것으로서, 하단에 다음의 이벤트를 정의한다.

```
event VoteCompleted(bytes32 option, uint8 count);
```

해당 보기의 투표 결과를 확인하는 구문을 다음과 같이 작성한다.

```
function totalVotesFor(bytes32 option) view public returns (uint8) {
    require(validOption(option));
    return votes[option];
}
```

여기서 validOption 함수를 통해 해당 보기가 앞서 속해 있는 보기인지 판단하는 함수를 추가해야 한다.

```
function validOption(bytes32 option) view internal returns (bool) {
    for(uint i = 0; i < optionList.length; i++) {
        if (optionList[i] == option) {
            return true;
        }
    }
    return false;
}
```

optionList를 순회하면서 해당 보기가 있으면 true를 반환하고, 아니면 false를 반환한다.

```
function getOptionList() public view returns(bytes32[] options) {
    return optionList;
}
```

이는 전체 보기 리스트를 반환하는 함수이다.

여기서 totalVotesFor과 getOptionList는 읽기만 가능한 함수이므로 별도의 가스 소비가 이루어지지 않는다.

컨트랙트 작성 후, migrations 디렉터리에 있는 마이그레이션 파일에서 우리가 생성할 스마트 컨트랙트를 연동하여 최종적으로 블록체인에 배포하게 된다.

1_initial_migration.js는 Migrations.sol 컨트랙트를 배포하게 된다.

마이그레이션을 실행할 때마다 트러플을 통해 블록체인에서 배포된 최신 컨트랙트를 가져오고, 아직 배포되지 않은 컨트랙트를 배포한다. 이는 Migrations 컨트랙트에 배포된 최신 컨트랙트인 latest_completed_migration 필드를 업데이트하는 것이다.

2_deploy_contracts.js를 생성해 보자. 여기서, Vote 컨트랙트를 연동한다.

```
var Vote = artifacts.require("./Vote.sol");
module.exports = function(deployer) {
    var options = ['Option1', 'Option2', 'Option3', 'Option4', 'Option5']

    deployer.deploy(Vote, options);
};
```

Vote의 생성자 인자로 options 배열을 넘겨 이를 배포한다.

컨트랙트 컴파일과 마이그레이션을 시작한다.

```
$ truffle compile
$ truffle migrate
```

네트워크에 성공적으로 마이그레이션한 로그를 확인하자.

```
Running migration: 1_initial_migration.js
  Deploying Migrations...
  ... 0xc2f6e7a906bee01816580a07b871815fb1eae84e587795b41f647534f951ee2c
  Migrations: 0x8dd545c38fd3404950e60cb4ee25f2c91c4de33c
Saving successful migration to network...
  ... 0x6c487c4d2747bc5caceb03ca32f7f2f4eaab9b187a4aea28274348a6d0041e81
Saving artifacts...
Running migration: 2_deploy_contracts.js
  Deploying Vote...
  ... 0xe78d2375744ed537f85af4d379e8a301fe83aee6fe1ee3359096795b1a4dfb50
  Vote: 0x230f35f6c097880636687a5270805d66b4f5e389
Saving successful migration to network...
  ... 0x9f4844c1e6b048160d0845162ad063ca34aefde697a9be248c6a34d37a2b96ea
Saving artifacts...
```

[그림 8-2] Vote

▌ 채팅 UI 및 서버 만들기

채팅 UI 단을 구성하기 위해 프로젝트 루트에서 vue-cli를 활용하여 초기 구성을
한다.

```
$ vue create frontend-chatdapp
```

그리고 프로젝트에 필요한 라이브러리를 다음과 같이 설치한다.

```
$ npm install web3@0.20.6 -s
```

Web3JS 라이브러리를 설치한다.

```
$ npm install bootstrap-vue socket.io-client vue-chat-scroll -s
```

스타일링을 위한 VueJS용 부트스트랩(https://bootstrap-vue.js.org)과 채팅 구
현을 위한 socket.io의 클라이언트 라이브러리, 자동으로 스크롤을 내려주는 vue-
chat-scroll 라이브러리를 설치한다.

```
$ npm install axios vue-axios -s
```

네트워크 리퀘스트를 위한 axios 라이브러리를 설치한다.

/src/main.js 파일을 열고 부트스트랩 라이브러리를 추가한다.

```
import Vue from 'vue'
import App from './App.vue'
import BootstrapVue from 'bootstrap-vue'
```

```
Vue.config.productionTip = false

Vue.use(BootstrapVue)

new Vue({
  render: h => h(App),
}).$mount('#app')
```

그러고 나서 /src/App.vue 파일을 열고, 다음과 같이 작성한다.

```
<template>
  <div id="app">
    <div class="container">
          <Chat />
    </div>
  </div>
</template>

<script>
import 'bootstrap/dist/css/bootstrap.css'
import 'bootstrap-vue/dist/bootstrap-vue.css'

import Chat from './components/Chat.vue'

export default {
  name: 'app',
  components: {
    Chat
  }
}
</script>
```

부트스트랩 css를 임포트하고, 채팅이 실제 이루어지는 공간인 Chat.vue를 미리 임포트하였다.

이제 이를 만들어 보자.

/src/components/Chat.vue를 생성하고, Chat.vue의 UI 템플릿을 다음과 같이 구성한다.

```
<template>
  <div class="card mt-3">
    <div>
        <div class="header">
            <h3>Gazua Room</h3>
            <hr>
        </div>
        <div>
          <ul class="messages">
            <li class="message" v-for="(msg, index) in messages"
            :key="index">
              <div class="msgWrapper">
                <div class="msg">{{msg.message}}</div>
                <div class="username">{{msg.user}}</div>
              </div>
            </li>
          </ul>
        </div>
    </div>
    <div class="msgContainer">
      <b-form @submit.prevent="sendMessage">
        <b-form-input type="text" placeholder="Message..."
        v-model="message" class="ipMsg" ></b-form-input>
        <b-button type="submit" class="btnSend">Send</b-button></
        b-col>
      </b-form>
    </div>
  </div>
</template>
```

기본적인 리스트와 메시지를 입력하는 필드를 부트스트랩의 컴포넌트를 이용하여 구현하였다.

form의 submit 함수로서 sendMessage를 연동하고, b-form-input의 인풋데이

터를 v-model="message"를 통해 바인딩한다.

리스트를 렌더링하는 부분은 다음과 같다.

```
<li class="message" v-for="(msg, index) in messages" :key="index">
```

v-for을 활용하여 messages 변수 배열의 값과 인덱스를 키로 하여 DOM 오브젝트를 반복하게 된다. 이렇게 리스트의 개별 데이터가 렌더링되는 것이다.

하지만 채팅의 특성상 리스트가 길어질수록 자동으로 스크롤이 내려와야 할 것이다.

이를 구현하기 위해 앞서 설치한 v-chat-scroll 라이브러리를 사용하겠다.

/src/main.js에서 다음을 추가한다.

```
import VueChatScroll from 'vue-chat-scroll'
Vue.use(VueChatScroll)
```

그리고 나서 Chat.vue 컴포넌트의 리스트 엘리먼트에서 해당 태그를 추가하면 된다.

```
<ul class="messages" v-chat-scroll>
```

이에 대한 스타일시트는 다음과 같다.

```
<style scoped>
.card {
    height: 600px;
}

.header {
    background: #235a06;
```

```css
    color: #fff;
    padding-top: 10px;
}

.messages {
    height: 400px;
    border: 3px solid #235a06;
    padding: 10px 20px 5px 10px;
    overflow-y: auto;
}

.message .msgWrapper{
    background: #ebebeb none repeat scroll 0 0;
    border-radius: 3px;
    color: #646464;
    font-size: 14px;
    margin: 0;
    padding: 5px 10px 5px 12px;
    list-style: none;
    margin: 10px 0 10px 0;
    width: 360px;
    max-width: 460px;
    text-align: left;
}

.message .username {
    font-weight: 800;
}

.msgContainer {
    margin: 10px;
    margin-bottom: 10px;
}

.ipMsg {
    width: 450px;
    height: 40px;
    font-size: 16px;
}
```

```
.btnSend {
  width: 150px;
  height: 45px;
}
</style>
```

터미널에서 다음을 실행하여 현재까지 구현한 UI를 확인해 본다.

```
$ npm run serve
```

http://localhost:8080/에 접속하면 다음과 같은 화면이 나타난다.

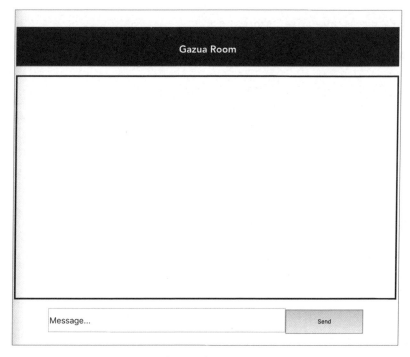

[그림 8-3] 브라우저

▌ node.js 서버 구축하기

본격적으로 socket.io를 활용한 웹 소켓 서버를 구축해 보자.

/backend-chatdapp 프로젝트 루트에서 server 디렉터리로 들어가서,

```
$ npm install --save express socket.io
```

을 실행하여 express와 socket.io 라이브러리를 설치한다.

app.js를 생성하고, express 라이브러리를 추가하여 기본 서버를 구성한다.

```
const express = require('express');

const app = express();

const server = app.listen(3000, function() {
    console.log('server is running');
});
```

그리고 socket.io 라이브러리를 임포트하여 커넥션을 구성한다.

```
const io = require('socket.io')(server);

io.on('connection', function(socket) {
    console.log('socket: ' + socket.id)
});
```

이로써 서버 웹소켓 구성이 간단히 완료되었다.

```
$ node app.js
```

서버를 실행하면 콘솔에서,

```
>> server is running
```

로그가 출력되는 것을 볼 수 있다.

이제, frontend-chatdapp으로 돌아온다.

그리고 Chat.vue를 다시 열어 스크립트를 구성한다.

```
<script>
import io from 'socket.io-client';

export default {
data() {
    return {
     user: 'will',
     message: '',
     messages: [
     {user: 'admin', 'message': 'This is Chat room'}
  ],
                socket: io('localhost:3000'),
    }
   },

  methods: {
     sendMessage(e) {
  }
   }
}
</script>
```

기본적으로 현재 유저 이름(user)과 메시지(message), 채팅 메시지 리스트
(messages)로 구성되어 있고, 여기에 웹소켓 연결을 위한 socket 변수를 정의하
였다.

그리고 methods에 sendMessage 함수를 정의하였는데, 이는 유저가 텍스트인풋에 메시지를 입력 후, '전송' 액션을 취할 때 호출된다.

이제 터미널을 열고 server 디렉터리에서 서버를 실행한다.

```
$ node app.js
```

http://localhost:8080/로 들어가서 서버의 로그를 확인해 보면, 다음과 같이 socket id가 출력되는 것을 볼 수 있다.

```
Willui-MacBook-Pro:server willpark$ node app.js
server is running
socket: 0jkdjsjZRfYFEmaJAAAA
```

[그림 8-4] socket id

sendMessage 함수에서 웹소켓으로 데이터를 전달하는 구문을 작성하자.

```
sendMessage(e) {
    this.socket.emit('SEND_MESSAGE', {
      user: this.user,
      message: this.message
    });
    this.message = '';
},
```

SEND_MESSAGE 이벤트를 유저 이름과 메시지가 담긴 오브젝트 데이터와 함께 전송한다. 그러면 이 데이터는 소켓이 연결된 서버에서 값을 받게 된다.

서버에서 이 값을 받아 해당 서버의 소켓과 연결되어 있는 다른 유저에게 이벤트를 전파하면 된다. 다음을 추가하고 서버를 재시작하자.

```
io.on('connection', (socket) => {
  console.log("connected:"+socket.id);

  socket.on('SEND_MESSAGE', (data) => {
    io.emit('MESSAGE', data);
  });
});
```

socket.on으로 SEND_MESSAGE 이벤트를 감지하고 있다가 데이터가 들어오면, 이를 MESSAGE 이벤트로 해당 데이터와 함께 송출한다.

이제, 이를 클라이언트에서 다시 받아서 출력하는 작업이 남았다.

Chat.vue에서 해당 컴포넌트가 마운트되는 시점인 mounted()에서 이를 구현한다.

```
mounted() {
    this.socket.on('MESSAGE', (data) => {
        this.messages = [...this.messages, data];
    });
  },
```

MESSAGE 이벤트를 감지하면 그 데이터를 가져와 this.messages로 할당한다.

여기서 다음 구문은,

```
this.messages = [...this.messages, data];
```

기존의 배열 this.messages를 나머지 파라미터로 펼치고 여기에 새로운 데이터를 추가하여 배열로 만든 것이다. 그러면 선형적으로 새 데이터가 추가된다.

이제 브라우저 URL로 들어가, 텍스트 인풋에 문장을 넣고 Send 버튼을 눌러 보자.

그러면 다음과 같이 채팅 리스트가 출력된다.

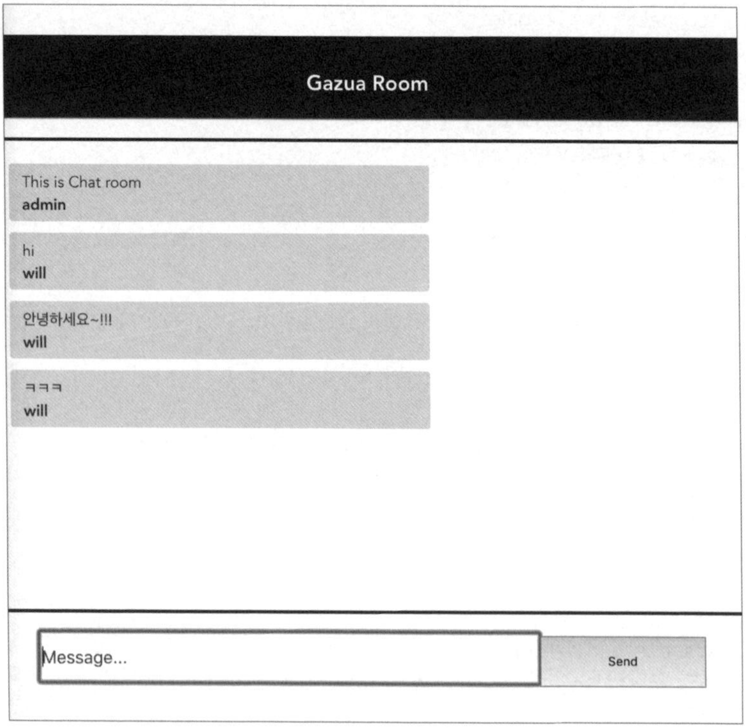

[그림 8-5] 채팅 리스트

계속해서 리스트 개수가 늘어나면, 면적에 맞게 스크롤이 생기고 내려가는 것을 볼 수 있다. 이는 앞서 vue-chat-scroll 라이브러리를 사용한 결과이다.

Chat.vue의 전체 코드는 다음과 같다.

```
<template>
  <div class="card">
    <div>
        <div class="header">
            <h3>Gazua Room</h3>
            <hr>
        </div>
        <div>
            <ul class="messages" v-chat-scroll>
```

```
                    <li class="message" v-for="(msg, index) in messages"
                    :key="index">
                        <div class="msgWrapper">
                            <div class="msg">{{msg.message}}</div>
                            <div class="username">{{msg.user}}</div>
                        </div>
                    </li>
                </ul>
            </div>
        </div>
        <div class="msgContainer">
            <b-form @submit.prevent="sendMessage">
                <b-form-input type="text" placeholder="Message..."
                v-model="message" class="ipMsg" ></b-form-input>
                <b-button type="submit" class="btnSend">Send</b-button></
                b-col>
            </b-form>
        </div>
    </div>
</template>
<script>
import io from 'socket.io-client';

export default {
    data() {
        return {
            user: 'will',
            message: '',
            messages: [
                {user: 'admin', 'message': 'This is Chat room'}
            ],
            socket: io('localhost:3000'),
        }
    },

    mounted() {
        this.socket.on('MESSAGE', (data) => {
            this.messages = [...this.messages, data];
        });
    },
```

```
  methods: {
    sendMessage(e) {
      this.socket.emit('SEND_MESSAGE', {
        user: this.user,
        message: this.message
      });
      this.message = '';
    }
  }
}
</script>
<style scoped>
.card {
  height: 600px;
}

.header {
  background: #235a06;
  color: #fff;
  padding-top: 10px;
}

.messages {
  height: 400px;
  border: 3px solid #235a06;
  padding: 10px 20px 5px 10px;
  overflow-y: auto;
}

.message .msgWrapper{
  background: #ebebeb none repeat scroll 0 0;
  border-radius: 3px;
  color: #646464;
  font-size: 14px;
  margin: 0;
  padding: 5px 10px 5px 12px;
  list-style: none;
  margin: 10px 0 10px 0;
  width: 360px;
```

```css
    max-width: 460px;
    text-align: left;
}

.message .username {
    font-weight: 800;
}

.msgContainer {
    margin: 10px;
    margin-bottom: 10px;
}

.ipMsg {
    width: 450px;
    height: 40px;
    font-size: 16px;
}

.btnSend {
    width: 150px;
    height: 45px;
}
</style>
```

서버를 구성하는 app.js는 다음과 같다.

```javascript
const express = require('express');
const app = express();

server = app.listen(3000, function(){
    console.log('server is running')
});

const io = require('socket.io')(server);

io.on('connection', function(socket) {
    console.log('socket: ' + socket.id)
```

```
socket.on('SEND_MESSAGE', (data) => {
    io.emit('MESSAGE', data);
});

});
```

■ UI와 컨트랙트 연동하기

이제 앞서 만든 컨트랙트와 UI단을 연동해 보자.

/src에 contracts 디렉터리를 생성하고, 앞서 빌드된 build/contracts/Vote.json 파일을 복사하여 이곳에 붙여 넣는다.

프로젝트 루트에 config.js 파일을 생성하고 다음과 같이 구성한다.

```
const Vote = require('./contracts/Vote')

export default {
    VOTE_CA: '<VOTE 컨트랙트 어드레스>',
    VOTE_ABI: Vote.abi,

    GAS_AMOUNT: 500000
}
```

여기서 VOTE_CA는 컨트랙트 어드레스로서, 이를 확인하기 위해서는 Vote.json의 맨 아래쪽에 networks 객체의 address에서 볼 수 있다.

```
2845          "scope": 169,
2846          "src": "26:809:1"
2847      }
2848    ],
2849    "src": "0:836:1"
2850  },
2851  "compiler": {
2852    "name": "solc",
2853    "version": "0.4.25+commit.59dbf8f1.Emscripten.clang"
2854  },
2855  "networks": {
2856    "5777": {
2857      "events": {},
2858      "links": {},
2859      "address": "0xa07ceac27f0d463fdeacec62647fbc7749901a9f",
2860      "transactionHash": "0x069ff666f3124278bdc0bd6912b7c146d4f7fd172ed91dfc71ba9fd1c
2861    }
2862  },
2863  "schemaVersion": "2.0.2",
```

[그림 8-6] 어드레스

VOTE_ABI는 Vote.json에서 abi 필드를 가져온다. 이 config는 프로젝트에 전역
적으로 접근하여 사용할 것이다.

main.js 파일을 열고, config 파일을 임포트하고, Vue 믹스인을 사용하여 config
설정값과 web3 라이브러리를 전역적으로 접근 가능하게 만든다.

```
import Config from './config'
import Web3 from 'web3'

Vue.mixin({
  created() {
    const web3js = window.web3
    if(typeof web3js !== 'undefined') {
      this.$web3 = new Web3(web3js.currentProvider)
    }

    this.$getDefaultAccount = () => {
     return new Promise((resolve, reject) => {
       this.$web3.eth.getAccounts((err, data) => {
          if(!err) resolve(data[0])
          reject(err)
        })
```

```
    })
    }

    this.$config = Config
  }
})
```

web3 인스턴스는 현재 브라우저의 프로바이더인 메타마스크와 연동하는 부분이고, $getDefaultAccount()는 어카운트를 가져오는 프로미스를 구현한다.

Chat.vue을 열고, mounted()에 컨트랙트 인스턴스를 가져오는 구문을 추가한다.

```
async mounted() {
    this.socket.on('MESSAGE', (data) => {
      this.messages = [...this.messages, data];
    });

    this.contractInstance = this.$web3.eth.contract(this.$config.
    VOTE_ABI).at(this.$config.VOTE_CA)
   this.account = await this.$getDefaultAccount()
  },
```

이 인스턴스를 통해, Vote 컨트랙트 함수에 접근하여 액션을 호출할 수 있다. 또한, 기본 계정을 가져오는데 이는 async-await 구문을 이용한다.

sendMessage 폼 아래에 다음 버튼을 생성해 보자.

```
<b-button @click="showVoteModal">투표하기</b-button>
```

이는 투표 모달(modal) 팝업창을 띄운다.

모달 팝업은 다음과 같이 구성한다.

```
<b-modal ref="modalVote" @ok="handleChooseOption()">
    <b-form-group label="Select option">
        <b-form-radio-group v-model="selectedOption"
                            :options="options"
                            stacked
                            name="radiosStacked">
        </b-form-radio-group>
    </b-form-group>
</b-modal>
```

부트스트랩 모달 컴포넌트인 b-modal을 이용해 구현하였다.

그리고 b-form-radio-group으로 라디오 버튼 그룹을 구성하였고, 여기 v-model="selectedOption"의 경우, 선택된 옵션값이 세팅된다.

:options="options"는 옵션 배열이 전달되고, 이것이 차례로 리스팅된다.

@ok="handleChooseOption()"은 모달 팝업에 OK 버튼을 클릭 시에 연동되는 리스너 함수이다.

메서드 함수로서, 다음을 구현한다.

```
showVoteModal() {
    this.getOptions();
        this.$refs.modalVote.show()
},
```

이는 모달에 접근하여 팝업을 띄우는 명령으로서, this.$refs.modalVote는 <b-modal ref="modalVote"> 컴포넌트를 찾아 이를 띄우는 것이다.

먼저, 데이터 부분에 options 배열을 추가한다.

```
data() {
  return {
```

```
    ...
    options: []
  }
}
```

옵션 리스트를 컨트랙트로부터 받아서 리스팅하는 getOptions() 함수를 구현하자.

```
methods: {
 ...
getOptions() {
     this.options = []
     this.contractInstance.getOptionList({}, (err, result) => {
       for(let key in result){
         this.options.push(this.$web3.toAscii(result[key]))
       }
     })
   },
}
```

getOptions 함수를 살펴보면, 컨트랙트 인스턴스에서 getOptionList() 컨트랙트 함수를 호출하였고 이에 대한 배열값을 가져와 이를 순회하여 options 변수에 푸시한다. 이때 받아오는 값은 bytes32 형태의 아스키 문자열이므로 web3.toAscii(<bytes32 문자열>) 함수를 사용해 이를 문자열로 변환한 후 넣는다.

투표 보기 모달 창에서 보기를 선택하고 'OK' 버튼을 누를 때 호출되는 함수인 handleChooseOption()을 구현해 보자.

```
handleChooseOption() {
     f(!this.selectedOption){
       alert("please select a option")
       return
     }
     this.contractInstance.voting(this.selectedOption, {from: this.
     account, gas: this.$config.GAS_AMOUNT}, (error,
```

```
        transactionHash) => {
                console.log("txhash",transactionHash)
        })
        this.watchVoted((error, result) => {
            if(!error) alert("Vote completed...!")
        })
}
```

컨트랙트 인스턴스의 함수를 호출하기에 앞서, 보기가 선택되었는지(this. selectedOption) 확인한다.

선택이 되어 있으면, this.contractInstance.voting(this.selectedOption) 함수를 통해 호출하는데, 함께 넘기는 파라미터로 보내는 기본 계정과 가스양을 전달한다.

this.watchVoted() 함수는 송출된 이벤트를 리슨하여 다음 액션을 수행하는데, 여기서는 VotedComplete 이벤트가 송출되면 호출된다.

```
async watchVoted(cb) {
        const currentBlock = await this.getCurrentBlock()
        const eventWatcher = this.contractInstance.VoteCompleted({},
        {fromBlock: currentBlock - 1, toBlock: 'latest'})
        eventWatcher.watch(cb)
},

getCurrentBlock() {
        return new Promise((resolve, reject ) => {
            this.$web3.eth.getBlockNumber((err, blocknumber) => {
                if(!err) resolve(blocknumber)
                reject(err)
            })
        })
}
```

이와 같이 최신 블록에서 이벤트를 리슨하고 있다가 가져온 콜백 함수를 호출하는 구조이다.

브라우저를 열고, 지금까지 구현된 코드를 테스트해 보자.

하단의 '투표창 열기'를 누르면 다음과 같은 팝업창이 나타난다.

[그림 8-7] 팝업

원하는 보기를 선택하고, 'OK' 버튼을 누르면 트랜잭션을 위한 메타마스크 팝업이 열리는데, 이를 승인하면 트랜잭션이 컨펌되고 '성공 메시지' 알림창이 뜬다.

만약, 또 한 번 보기를 선택하여 진행하면 도중에 멈추고, 이에 콘솔 로그를 확인하면 다음과 같이 나올 것이다.

```
Error: Error: [ethjs-rpc] rpc error with payload {...VM Exception while
processing transaction: revert
```

이는 앞서 컨트랙트 코드에서 이미 유저의 보팅 결과가 기록되었기에 require() 함수를 충족시키지 않아서 나오는 revert 결과이다.

마지막으로, 투표의 결과를 확인하는 부분을 만들자.

먼저, 해당 결괏값을 저장할 배열인 results를 데이터로 정의하자.

```
data() {
    return {
        ...
        results: []
    }
}
```

'투표하기'와 마찬가지로 버튼을 클릭한 후, 모달 팝업을 띄워 확인하는 UI 형태로 구성해 보자.

투표하기 버튼 아래에,

```
<b-button @click="showTotalResult">투표결과</b-button>
```

이 버튼을 배치하고,

```
<b-modal ref="modalTotal">
        <div v-for="(option, index) in results" :key="index">
            {{option.title}} <b-badge variant="light">{{option.count}}</
            b-badge>
        </div>
</b-modal>
```

이와 같이 모달을 템플릿의 아래에 배치한다.

이는 results 배열을 순회하면서, option 오브젝트값을 가져오고 이에 대한 프로퍼티로 title은 보기의 제목, count는 투표 결괏값이다.

이 투표값은 b-badge 컴포넌트를 사용해 넣어 보았다.

이제, 버튼에 대한 액션 함수인 showTotalResult()를 작성해 보자.

```
showTotalResult() {
      this.getTotalVotes()
      this.$refs.modalTotal.show()
},
```

'투표하기' 액션과 마찬가지로, getTotalVotes() 함수를 통해 컨트랙트를 통한 전체 투표값을 가져오고, 모달 팝업을 띄운다.

```
getTotalVotes() {
      this.results = []
      this.contractInstance.getOptionList({}, (err, result) => {
        for(let key in result){
          const option = this.$web3.toAscii(result[key])
          this.contractInstance.totalVotesFor(option, {}, (err,
          result) => {
            this.results.push({'title': option, 'count': result.
            toNumber()})
          })
        }
      })
}
```

this.contractInstance.getOptionList()를 통해 전체 보기 리스트를 가져오고 이를 순회하여 개별 보기를 this.contractInstance.totalVotesFor(option)으로 전달한다.

이는 개별 보기에 따른 투표 결괏값을 가져오는 컨트랙트 함수로서, 이에 대한 결괏값은 BigNumber 타입값으로 반환된다.

```
this.results.push({'title': option, 'count': result.toNumber()})
```

따라서 results의 오브젝트의 키로서, 'title'은 보기 제목을 대입하고, 'count'는 반환값을 Number 형태로 변환한 후(result.toNumber()) 대입한다.

이제 이를 저장하고, 다시 브라우저를 켜고 들어가 보자.

하단에 '투표결과' 버튼이 표시되고, 이를 클릭하면 다음과 같은 팝업창이 나타날 것
이다.

[그림 8-8] 팝업

이와 같이 내가 앞서 투표한 결과가 숫자로 표시되는 것을 볼 수 있다.

간단한 형태의 투표 댑이지만, 이를 보다 발전시키면 채팅 중에 실행할 수 있는 게임
등 다양한 아이디어를 접목시킬 수 있을 것이다.

■ 컨트랙트 발전시키기

이제 새로운 컨트랙트를 추가해 보자.

채팅방에 있는 사람들이 함께 공동구매를 할 수 있다면 무척 유용할 것이다. 특정 금
액을 올려놓고, 이 금액에 맞게 분배하여 수금하고, 이를 컨트랙트상에 올려서 관리
하는 것이다.

이후에 보다 복잡한 시나리오로 발전시킬 수 있지만, 여기서는 위에서 말한 시나리오까지 구현하는 것을 목표로 한다.

CrowdFund.sol을 컨트랙트 디렉터리에 새로 생성하고, 다음과 같이 생성자를 넣는다.

```
pragma solidity ^0.4.23;

contract CrowdFund {
    uint fundGoal;
    uint tokenPrice;
    uint amountRaised;
    mapping (address => uint256) balanceOfUsers;
    bool depositClosed;

    constructor(uint goal, uint price) public {
        fundGoal = goal;
        tokenPrice = price;
    }
}
```

이와 같이 최종 목표 펀드와 가격을 인자로 하는 생성자를 만들었고, 각 유저별 입금한 금액을 기록한다. 목표 펀드와 가격은 이더 단위로 받는다.

그리고 필요한 이벤트를 정의해 본다.

```
event FundingGoalReached(uint amountRaisedValue);
event DepositComplete();
```

목표 금액에 성공 했는지에 대한 이벤트와 입금 완료에 대한 이벤트이다.

이제, 펀드를 입금하는 함수를 만들어 보자.

```
function depositFunds() payable public {
```

```
        require(!depositClosed);
        require(msg.value==tokenPrice * 1 ether);

        uint amount = msg.value;
        balanceOfUsers[msg.sender] += amount;
        amountRaised += amount;

    DepositComplete();
        if(amountRaised >= fundGoal * 1 ether){
            depositClosed = true;
        FundingGoalReached(amountRaised);
        }
}
```

이더 전송이 이루어지는 함수이므로 payable 인자를 넣은 것에 유의하자.

먼저, require 함수로 해당 입금이 마감되었는지와 보낸 금액이 맞는지 확인한 후,
다음 프로세스를 진행한다.

```
require(!depositClosed);
require(msg.value==tokenPrice * 1 ether);
```

이더 전송액인 msg.value를 amount에 대입하고, 이는 유저별 밸런스 맵인
balanceOfUsers와 amountRaised의 값을 증가시킨다.

```
uint amount = msg.value;
balanceOfUsers[msg.sender] += amount;
amountRaised += amount;
```

최종적으로, DepositComplete 이벤트를 발생시키는데, 만약, 해당 금액이 목표
액을 넘어서면 depositClosed를 true로 하여, 더 이상 입금이 되지 않도록 하고,
FundingGoalReached 이벤트를 송출한다.

```
DepositComplete();
if(amountRaised >= fundGoal * 1 ether){
    depositClosed = true;
    FundingGoalReached(amountRaised);
}
```

이를 트러플과 연동하기 위해, 새 마이그레이션 파일인 migrations/3_deploy_
crowdfund.js를 생성하고 다음과 같이 추가한다.

```
var CrowdFund = artifacts.require('./CrowdFund.sol');

module.exports = function(deployer) {
    deployer.deploy(CrowdFund, 1, 1);
}
```

생성자에 목표 펀드와 가격에 대한 이더값을 인자로 보내는데, 테스트용으로 목표
펀드를 1 이더로 하고, 가격 역시 1 이더로 한 것이다.

트러플 컴파일을 하고,

```
$ truffle compile
```

배포를 수행하자.

```
$ truffle migrate
```

마이그레이션이 완료되면, 네트워크의 배포가 완료된 것이다.

트러플 콘솔로 들어가 이를 테스트해 보자.

```
$ truffle console
```

```
> CrowdFund.deployed().then(function(contractInstance){
contractInstance.depositFunds({}, {value: web3.toWei('1', 'ether'),
from: web3.eth.accounts[0], gas: 300000}).then(function(result)
{console.log(result)})})
```

CrowdFund.deployed()를 통해 배포된 컨트랙트 인스턴스를 가져온 후, 인스턴스의 depositFunds 함수에 1 이더를 첫 번째 계정에서 전달하는 트랜잭션을 구현한다.

이에 대한 결과로서 다음의 트랜잭션 영수증(receipt)을 받게 된다.

```
truffle(development)> { tx:
 '0x06a3d23fe098a93d7ab2418650dfb263e295d7163c2a91a29c27da8d06746da6',
 receipt:
  { transactionHash:
     '0x06a3d23fe098a93d7ab2418650dfb263e295d7163c2a91a29c27da8d06746da6',
    transactionIndex: 0,
    blockHash:
     '0xb4a92c26b15609f1eb24c39147e2d315d640c9b924ec09da83b88b2be53c231d',
    blockNumber: 7,
    gasUsed: 85194,
    cumulativeGasUsed: 85194,
    contractAddress: null,
    logs: [ [Object], [Object] ],
    status: '0x1',
    logsBloom:
     '0x00000000000000000000000000000000000000000000400000000000000000000000000000000000
0000000000000000000000000000000000000000000000000000000000000000000000000000000000000000
0000000000000000000000000000000001000020000000400000000000000000400000000000000000000000
0000000000000000000000002000000000000000000000000000000000000001000000000000000000000000
0000000000000000000000000000000000400080000000000000000000000000000000000000' },
 logs:
  [ { logIndex: 0,
      transactionIndex: 0,
      transactionHash:
       '0x06a3d23fe098a93d7ab2418650dfb263e295d7163c2a91a29c27da8d06746da6',
      blockHash:
       '0xb4a92c26b15609f1eb24c39147e2d315d640c9b924ec09da83b88b2be53c231d',
      blockNumber: 7,
      address: '0x678caae9c06196b98c2e15916cd3ea19f779b7cd',
      type: 'mined',
      event: 'DepositComplete',
      args: {} },
    { logIndex: 1,
      transactionIndex: 0,
      transactionHash:
       '0x06a3d23fe098a93d7ab2418650dfb263e295d7163c2a91a29c27da8d06746da6',
      blockHash:
       '0xb4a92c26b15609f1eb24c39147e2d315d640c9b924ec09da83b88b2be53c231d',
      blockNumber: 7,
      address: '0x678caae9c06196b98c2e15916cd3ea19f779b7cd',
      type: 'mined',
      event: 'FundingGoalReached',
      args: [Object] } ] }
```

[그림 8-9] tx 영수증

아래의 logs 부분을 보면 'DepositComplete', 'FundingGoalReached' 이벤트가 송출된 것을 볼 수 있는데, 이는 예상한 결과이다.

펀드 목표가 1 이더이고, 계정에서 1 이더를 보냈으므로, 이는 송금 완료와 목표 달성을 이루었기에 앞에서와 같은 이벤트가 발생하는 것이다.

가나슈에서 확인해 보면 다음과 같은 TRANSACTIONS 탭에 거래내역이 생성되어 있는 것을 볼 수 있다.

[그림 8-10] 거래내역

UI상에서 버튼을 만들고, 이에 연동할 컨트랙트를 연동하면 최종적으로 공동구매를 위한 자금 조성 시나리오를 완성하게 된다.

앞서 배운 방식으로 UI 단을 구성하고 이 컨트랙트를 연동해 보는 것은 독자들에게 하나의 과제로 남기고, 이 컨트랙트를 테스트넷에 배포하는 과정을 살펴보겠다.

▌ 테스트넷에 컨트랙트 배포하기

이더리움 블록체인상에서 개발을 하면 다음과 같은 이슈가 있다.

- 이더리움 게스 클라이언트를 구성하기 쉽지 않다.
- 이더리움 블록체인에 데이터를 저장하는 비용이 비싸다

- 확장성 있는 인프라 구조를 만들기가 쉽지 않다

인푸라(Infura)를 사용하면 이더리움 네트워크와 IPFS에 보다 빠르게 접속할 수 있으며, 게스 클라이언트의 노드가 모두 싱크될 때까지 다운로드를 기다릴 필요가 없다. 이더리움 네트워크와 IPFS에 접근할 수 있는, 쉽게 사용 가능한 API를 제공하기 때문이다.

또한, 대용량 데이터는 IPFS에 저장되므로 이더리움에는 파일의 해시만 저장하면 된다.

인푸라를 사용하기 위해서 https://infura.io에 들어가서 infura key를 가져온다.

대시보드에 들어가면 다음과 같은 화면이 나온다.

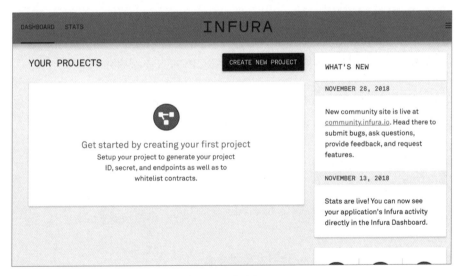

[그림 8-11] 대시보드

여기에 'CREATE NEW PROJECT' 버튼을 클릭하고, 새 프로젝트를 생성하자.

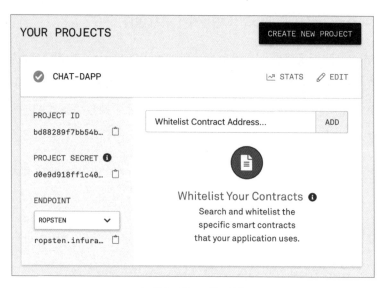

[그림 8-12] 프로젝트 생성

이와 같이 프로젝트의 아이디와 엔드포인트 설정이 있는데, 프로젝트 아이디는 추후에 복사하여 붙여 넣을 것이고, 엔드포인트는 ROPSTEN을 선택하자.

인푸라와의 연동을 위해 truffle-hdwallet-provider 라이브러리를 사용하는데, 이는 이더리움 네트워크 연결 시에 트랜잭션 서명을 할 수 있다.

이는 다음과 같이 설치한다.

```
$ npm install --save truffle-hdwallet-provider
```

환경변수 설정을 위해 dotenv 패키지를 활용해 본다.

```
$ npm install --save dotenv
```

이를 설치하고, .env 파일에 사용자만 볼 수 있는 키와 값을 넣는다. 이는 process. env 변수로 접근하여 사용할 수 있다.

설치하고 나면 .env 파일을 프로젝트 루트에 생성하고, 다음과 같이 변수를 넣는다.

```
MNEMONIC = // 메타마스크 니모닉 코드
INFURA_API_KEY = // 인푸라 API 키
```

여기에 들어갈 Mnemonic은 메타마스크의 '설정'의 '시드 단어 보이기'를 클릭하여 열거된 단어를 복사하여 넣는다. 이는 중요한 개인키이므로 잘 관리하도록 하자.

INFURA_API_KEY는 앞서 인푸라 페이지에서 복사한 Project Id 키를 붙여 넣는다.

truffle-config.js를 열고, 다음과 같이 구성한다.

```
const HDWalletProvider = require("truffle-hdwallet-provider");
require('dotenv').config();

module.exports = {
   networks: {
      ropsten: {
        provider: function() {
           return new HDWalletProvider(process.env.MNEMONIC, "https://
           ropsten.infura.io/" + process.env.INFURA_API_KEY)
        },
        network_id: 3,
        gas: 5500000,
        confirmations: 2,
        timeoutBlocks: 200,
        skipDryRun: true
      }
   }
};
```

HDWalletProvider에 Mnemonic 코드와 인푸라 API 키를 넣은 네트워크 URL로 ropsten의 프로파이더를 구성한다.

이제 테스트넷 배포가 잘 작동하는지 확인해 보자.

```
$ truffle migrate --network ropsten
```

어느 정도 시간이 흐른 후, 배포가 완료되는 것을 확인할 수 있다.

[그림 8-13] 배포

배포된 트랜잭션 해시를 이더스캔에서 확인해 보자.

https://ropsten.etherscan.io/tx/<트랜잭션 해시>

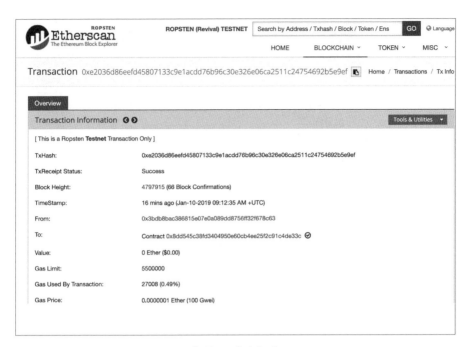

[그림 8-14] 이더스캔

우리가 만든 컨트랙트가 정상적으로 배포된 것을 확인할 수 있다.

배포 이슈

컨트랙트 배포 및 연동 도중에 정상적으로 배포가 안 되거나 논스 불일치 문제 등의
오류가 나올 경우,

reset 옵션을 주거나,

```
$ truffle migrate --reset
```

메타마스크 설정의 '계정 초기화' 버튼을 눌러서, 트랜잭션 초기화를 할 경우 해결이
된다.

[그림 8-15] 초기화

Chapter ──────────────────────────── **9**

NFT 마켓플레이스 댑 만들기

▌개요

이번 장에서는 ERC721 스펙을 활용한 NFT 토큰을 결합시킨 간단한 마켓플레이스 (Marketplace)를 만들어 보겠다. 로컬 테스트를 위해 가나슈를 활용하고, 이미지 업로드를 위해 IPFS를 사용해 보겠다.

클라이언트 단에서는 VueJS를 사용하여 SPA앱을 구현하고, 디자인 라이브러리로 Vuetify를 활용한다. web3 라이브러리를 통해 메타마스크와 연동이 되고, 해당 NFT를 보여 주기 위한 지갑도 함께 제작해 본다.

개략적인 시나리오는 다음과 같다.

- IPFS를 통한 이미지 업로드 및 NFT 등록
- 등록된 tokenId로 판매 옥션(Auction) 등록 및 컨트랙트에 소유권 전송
- 지갑에서 보내고자 하는 어드레스에 소유권 이전
- 메인 마켓플레이스에 등록한 아이템 리스트 나열

그럼, 이제 시작해 보자.

▌환경 설정

가나슈를 열어, 개발용 로컬 넷을 오픈한 다음, 프로젝트 폴더를 생성해 보자.

```
$ mkdir backend-nftdapp && cd backend-nftdapp
```

다음을 실행하여 트러플 프로젝트를 초기화 구성해 본다.

```
$ truffle init
```

그러면 트러플 구성 파일과 관련 폴더가 생성된다.

truffle-config.js를 열고, 개발용 네트워크를 구성한다.

```
module.exports = {
  networks: {
    development: {
      host: 'localhost',
      port: 7545,
      gas: 3000000,
      gasPrice: 21,
      network_id: '*' // Match any network id
    }
```

```
    }
};
```

▌스마트 컨트랙트 구현

컨트랙트에 활용할 오픈제플린 라이브러리를 사용해야 하는데, 다음과 같이 모듈을
설치한다.

```
$ npm install zeppelin-solidity -s
```

/contracts 폴더에 MyNFT.sol이라는 새 솔리디티 파일을 생성하자.

이 파일에 들어갈 코드는 다음과 같다.

```solidity
pragma solidity ^0.4.24;

import "../node_modules/zeppelin-solidity/contracts/token/ERC721/
ERC721Token.sol";

contract MyNFT is ERC721Token {
    constructor (string _name, string _symbol) public
        ERC721Token(_name, _symbol) {}

    function registerUniqueToken(
        address _to,
        uint256 _tokenId,
        string   _tokenURI
    ) public
    {
        super._mint(_to, _tokenId);
        super._setTokenURI(_tokenId, _tokenURI);
        emit TokenRegistered(_to, _tokenId);
```

```
    }

  event TokenRegistered(address _by, uint256 _tokenId);
}
```

코드를 하나씩 살펴보면,

```
contract MyNFT is ERC721Token {
```

제플린의 ERC721Token 컨트랙트 파일을 임포트하고, 이를 현재 컨트랙트로 상속받는다.

```
constructor (string _name, string _symbol) public
        ERC721Token(_name, _symbol) {}
```

생성자로서, 등록하고자 하는 토큰의 이름, 심벌이 기본값으로 들어간다.

```
  function registerUniqueToken(
        address _to,
        uint256 _tokenId,
        string  _tokenURI
    ) public
```

토큰을 등록할 때 소유권의 어드레스, 토큰의 유니크한 아이디, 세부 정보를 포함하는 URI가 파라미터로 전달된다.

```
super._mint(_to, _tokenId);
```

임포트한 ERC721 라이브러리의 새 토큰을 생성하는 _mint 함수를 호출한다. 여기서 토큰의 아이디와 그 토큰을 소유할 계정의 어드레스를 파라미터로 넘긴다.

```
super._setTokenURI(_tokenId, _tokenURI);
```

세부 메타데이터를 해당 tokenId와 함께 넘기는 함수로서, 이 역시 임포트한 상위의
ERC721 라이브러리 함수인 _setTokenURI를 호출한다.

마지막으로, 토큰 등록에 대한 이벤트를 정의하고,

```
event TokenRegistered(address _by, uint256 _tokenId);
```

등록 시에 다음과 같이 호출한다.

```
emit TokenReigstered(_to, _tokenId);
```

이 컨트랙트의 배포를 위해 새로운 마이그레이션 파일 2_nft_migration.js을 만들고
/migrations에 위치시킨다.

마이그레이션 파일은 다음과 같이 구성한다.

```
const MyNFT = artifacts.require("./MyNFT.sol");

module.exports = async function(deployer) {
   deployer.deploy(MyNFT, "AvarCat", "ACat")
};
```

deploy 시에, MyNFT 컨트랙트 생성자에 들어가는 인자를 넣는다.

컨트랙트 컴파일과 마이그레이션을 실행한다.

```
$ truffle compile
$ truffle migrate
```

```
Willui-MacBook-Pro:backend-nftdapp willpark$ truffle migrate
Using network 'development'.

Running migration: 1_initial_migration.js
  Deploying Migrations...
  ... 0x82b795be0a288f88029a0f56562c20e56c0852157c05617d4ee43ec39f31bdd1
  Migrations: 0x3bc507d62132520239a96a1c40b00086efbf3bf3
Saving successful migration to network...
  ... 0x4df7dab3487a5319f02805362869b16fd062660371c5fc9c7ec1282bc87e0a90
Saving artifacts...
Running migration: 2_nft_migration.js
  Deploying MyNFT...
  ... 0x112fb8de59180a957364c801d2edc355d4f022f715f7c810442cfa4c426d4c7e
  MyNFT: 0x08b43b62297b3ba8ce3f3c3d4beeae3071bbf9f7
Saving successful migration to network...
  ... 0xf34f21c4be0c9853a5c6721f151e1f4ce712ec7fc4faa27269e46651864b706a
Saving artifacts...
```

[그림 9-1] 배포

이와 같이 배포가 완료되는 것을 확인할 수 있다.

▌ 컨트랙트 테스트

배포한 컨트랙트가 잘 작동하는지 테스트를 통해 확인해 보자.

먼저, 다음과 같이 테스트 시에 ES6를 사용하기 위한 여러 모듈을 설치한다.

```
$ npm install chai chai-as-promised babel-preset-es2015 babel-register
babel-polyfill --save-dev
```

.babelrc 파일을 생성하여 프로젝트 루트에 위치시키고, 다음과 같이 작성한다. 이를 사용하여, ES6로 작성된 테스트 파일을 ES5로 프리컴파일할 수 있다.

```
{ "presets": ["babel-preset-es2015"] }
```

그리고 나서 truffle-config.js에 설치한 라이브러리를 처음에 임포트한다.

```
require('babel-register')
require('babel-polyfill')
```

/test 디렉터리에 NFT.js 파일을 생성하고, 다음과 같이 테스트 코드를 작성하자.

```
import chai from 'chai'
import chaiAsPromised from 'chai-as-promised'
chai.use(chaiAsPromised)
const { expect, assert } = chai

const MyNFT = artifacts.require("MyNFT");

contract('Test MyNFT contract', function(accounts) {

    let token;
    const name = "AvarCat"
    const symbol = "ACat"

    const account1 = accounts[1]
    const tokenId1 = 1111;
    const tokenUri1 = "This is data for the token 1";

    const account2 = accounts[2]
    const tokenId2 = 2222;
    const tokenUri2 = "This is data for the token 2";

    const account3 = accounts[3]

    it(' deploy and mint ERC721 token', async () => {
        token = await MyNFT.new(name, symbol)
        await token.registerUniqueToken(account1, tokenId1,
        tokenUri1, {from: accounts[0]})

        expect(await token.symbol()).to.equal(symbol)
        expect(await token.name()).to.equal(name)
    })
```

```
it(' check unique id', async () => {
    const duplicateTokenID = token.registerUniqueToken(account2,
    tokenId1, tokenUri2, {from: accounts[0]})
    expect(duplicateTokenID).to.be.rejectedWith(/VM Exception
    while processing transaction: revert/)
})

it(' create multiple unique tokens and manage ownership', async ()
=> {
    const additionalToken = await token.
    registerUniqueToken(account2, tokenId2, tokenUri2, {from:
    accounts[0]})
    expect(Number(await token.totalSupply())).to.equal(2)

    expect(await token.exists(tokenId1)).to.be.true
    expect(await token.exists(tokenId2)).to.be.true

    expect(await token.ownerOf(tokenId1)).to.equal(account1)
    expect(await token.ownerOf(tokenId2)).to.equal(account2)
})

it(' safe transfer', async () => {
    const unownedTokenId = token.safeTransferFrom(account2,
    account3, tokenId1, {from: accounts[2]}) // tokenId
    expect(unownedTokenId).to.be.rejectedWith(/VM Exception
    while processing transaction: revert/)

    const wrongOwner = token.safeTransferFrom(account1,
    account3, tokenId2, {from: accounts[1]})
    expect(wrongOwner).to.be.rejectedWith(/VM Exception while
    processing transaction: revert/)

    const wrongFromGas = token.safeTransferFrom(account2,
    account3, tokenId2, {from: accounts[1]})
    expect(wrongFromGas).to.be.rejectedWith(/VM Exception while
    processing transaction: revert/)

    await token.safeTransferFrom(account2, account3, tokenId2,
    {from: accounts[2]})
```

```
        expect(await token.ownerOf(tokenId2)).to.equal(account3)
    })
})
```

테스트 케이스에 대해서 하나씩 살펴보자.

첫 부분에서 테스트 라이브러리인 Chai를 불러온다. 주로 사용되는 것은 expect()
함수로서, 테스트 결괏값이 기댓값과 일치하는지를 확인한다. Chai에 대한 자세한
내용은 공식 사이트(https://www.chaijs.com/)를 참조하자.

```
const MyNFT = artifacts.require("MyNFT");
```

앞서 작성한 MyNFT 솔리디티 파일을 불러온다.

테스트 컨트랙트를 정의하고, 토큰 및 해당 토큰을 소유하거나 전달할 테스트 계정
을 정의한다.

```
let token;
const name = "AvarCat"
const symbol = "ACat"

const account1 = accounts[1]
const tokenId1 = 1111;
const tokenUri1 = "This is data for the token 1";

const account2 = accounts[2]
const tokenId2 = 2222;
const tokenUri2 = "This is data for the token 2";

const account3 = accounts[3]
```

"AvarCat"이라는 이름의 토큰과 계정1~3을 정의하고, 다른 tokenId와 URI도 정의
되어 있다.

첫 번째 테스트는 ERC721 토큰으로 발행이 잘되는지 확인한다.

```
it(' deploy and mint ERC721 token', async () => {
        token = await MyNFT.new(name, symbol)
        await token.registerUniqueToken(account1, tokenId1,
        tokenUri1, {from: accounts[0]})

        expect(await token.symbol()).to.equal(symbol)
        expect(await token.name()).to.equal(name)
})
```

앞서 정의한 이름과 심벌로 토큰 생성자를 만들고, 이에 메서드로 registerUnique
Token() 함수를 호출한다. 이에 대한 인자로 계정1의 계정, tokenId, 토큰 URI를
넣고, 컨트랙트 소유자 계정에서 이를 호출한다.

expect(값).to.equal(테스트값)을 통해 값과 테스트값이 일치하는지 확인한다.

```
it(' check unique id', async () => {
        const duplicateTokenID = token.registerUniqueToken(account2,
        tokenId1, tokenUri2, {from: accounts[0]})
        expect(duplicateTokenID).to.be.rejectedWith(/VM Exception
        while processing transaction: revert/)
})
```

이는 계정2로 이미 등록했던 tokenId1을 다시 등록하는 테스트인데, 토큰이 유니크
한지를 판단하기 위한 것이다. tokenId1은 이미 등록되어 있으므로 재등록이 되지
않고, rejectedWith() 함수의 메시지를 반환할 것이다.

```
it(' create multiple unique tokens and manage ownership', async () => {
        const additionalToken = await token.
        registerUniqueToken(account2, tokenId2, tokenUri2, {from:
        accounts[0]})
        expect(Number(await token.totalSupply())).to.equal(2)
```

```
        expect(await token.exists(tokenId1)).to.be.true
        expect(await token.exists(tokenId2)).to.be.true

        expect(await token.ownerOf(tokenId1)).to.equal(account1)
        expect(await token.ownerOf(tokenId2)).to.equal(account2)
})
```

계정2를 등록하고, 전체 토큰의 발행량이 2와 같은지, 발행한 토큰이 tokenId1
과 tokenId2를 가지는지를 확인한다. 그리고 tokenId1의 소유자가 계정1인지
tokenId2의 소유자가 계정2인지 확인한다.

이제 다른 계정에 소유권을 변경하는 테스트를 작성해 보자.

```
it(' safe transfer', async () => {
  // (1)
        const unownedTokenId = token.safeTransferFrom(account2,
        account3, tokenId1, {from: accounts[2]})
        expect(unownedTokenId).to.be.rejectedWith(/VM Exception
        while processing transaction: revert/)
  // (2)
        const wrongOwner = token.safeTransferFrom(account1,
        account3, tokenId2, {from: accounts[1]})
        expect(wrongOwner).to.be.rejectedWith(/VM Exception while
        processing transaction: revert/)
  // (3)
        const wrongFromGas = token.safeTransferFrom(account2,
        account3, tokenId2, {from: accounts[1]})
        expect(wrongFromGas).to.be.rejectedWith(/VM Exception while
        processing transaction: revert/)
  // (4)
        await token.safeTransferFrom(account2, account3, tokenId2,
        {from: accounts[2]})
        expect(await token.ownerOf(tokenId2)).to.equal(account3)
})
```

첫 번째로 계정2에서 계정3으로 safeTransferFrom 함수를 사용해 tokenId1을 전송하고자 하는데, 해당 토큰은 계정2의 소유가 아니므로 에러가 날 것이다.

두 번째의 계정1에서 계정3으로 tokenId2를 전송하는 것도 마찬가지다.

세 번째는 계정2에서 계정3으로 tokenId2를 전송하는 컨트랙트를 계정1이 호출하는 것으로 에러가 호출된다. 토큰을 전달하고자 하는 본인 계정만이 이를 호출할 수 있다.

마지막으로, 계정2에서 계정3으로 tokenId2를 전달하고 tokenId2의 소유권이 계정3으로 바뀌었는지 확인한다.

저장 후에 트러플 테스트를 작동한다.

```
$ truffle test
```

다음과 같이 테스트 케이스가 잘 통과하는 것을 볼 수 있다.

[그림 9-2] 테스트 케이스

이것으로 컨트랙트 테스트가 완료되었다.

▌ 옥션 컨트랙트 구현

이제 옥션을 위한 컨트랙트를 구현해 보자. 이는 특정 아이템의 판매를 위한 컨트랙트로서, NFT 토큰과 다른 메타데이터가 들어갈 것이다.

/contracts 디렉터리에 Auctions.sol 파일을 생성하자.

먼저, 파일 안에 다음과 같은 기본 컨트랙트를 구성한다.

```solidity
pragma solidity ^0.4.23;

import "./MyNFT.sol";

contract Auctions {
}
```

앞서 만든 MyNFT 파일을 임포트하는데 이는 추후에 활용될 것이다.

Auction의 구조체를 다음과 같이 정의한다.

```solidity
struct Auction {
    string name; // 제목
    uint256 price; // 가격
    string metadata; // 메타데이터 : ipfs hash
    uint256 tokenId; // tokenId
    address repoAddress; // nft 컨트랙트 어드레스
    address owner; // 소유자
    bool active; //활성화 여부
    bool finalized; //판매 종료여부
}
```

그리고 다음과 같은 상태변수를 정의한다.

```solidity
Auction[] public auctions;
mapping(address => uint[]) public auctionOwner;
```

auctions는 Auction을 저장하는 전체 배열이고, auctionOwner는 각 소유자 어드레스가 가지고 있는 tokenId의 배열에 대한 매핑이다.

```
function() public {
    revert();
}
```

컨트랙트에 직접 송금하지 못하도록 fallback 함수를 정의한다.

해당 컨트랙트가 특정 NFT 소유권을 가지고 있는지 확인하는 modifier를 정의해보자.

```
modifier contractIsNFTOwner(address _repoAddress, uint256 _tokenId) {
    address nftOwner = MyNFT(_repoAddress).ownerOf(_tokenId);
    require(nftOwner == address(this));
    _;
}
```

앞서 임포트한 MyNFT에 컨트랙트 어드레스를 넣고, ownerOf(_tokenId) 함수로 해당 토큰의 소유자 어드레스를 가져온다.

require() 함수를 통해 그 어드레스가 현재 Auctions의 컨트랙트 어드레스와 일치하는지 확인하고, 문제가 없으면 다음 프로세스를 진행한다.

여기서, address(this)는 이 컨트랙트의 어드레스를 반환하는 함수이다.

새 옥션을 생성하는 함수는 다음과 같다.

```
function createAuction(address _repoAddress, uint256 _tokenId,
string _auctionTitle, string _metadata, uint256 _price) public
contractIsNFTOwner(_repoAddress, _tokenId) returns(bool) {
    uint auctionId = auctions.length;
    Auction memory newAuction;
    newAuction.name = _auctionTitle;
```

```
        newAuction.price = _price;
        newAuction.metadata = _metadata;
        newAuction.tokenId = _tokenId;
        newAuction.repoAddress = _repoAddress;
        newAuction.owner = msg.sender;
        newAuction.active = true;
                newAuction.finalized = false;

        auctions.push(newAuction);
        auctionOwner[msg.sender].push(auctionId);

        emit AuctionCreated(msg.sender, auctionId);
        return true;
}
```

함수의 전달 인자로서, 앞서 정의한 Auction 구조체의 데이터가 전달되고, 앞서 만든 contractIsNFTOwner(_repoAddress, _tokenId) modifier 함수를 체크하여 해당 토큰이 Auctions 컨트랙트 어드레스의 소유인지 확인한다.

여기서 다음 부분은,

```
auctions.push(newAuction);
auctionOwner[msg.sender].push(auctionId);
emit AuctionCreated(msg.sender, auctionId);
```

새 옥션을 auctions 배열에 추가하는 것과 이 컨트랙트를 호출하는 어드레스를 키로 하여, auctionOwner 맵에 새 auctionId를 추가하는 것이다.

다음으로, AuctionCreated 이벤트를 송출한다.

옥션을 소유자에게 전달하는 함수를 작성해 보자.

```
function finalizeAuction(uint _auctionId, address _to) public {
    Auction memory myAuction = auctions[_auctionId];
```

```
        if(approveAndTransfer(address(this), _to, myAuction.repoAddress,
    myAuction.tokenId)){
          auctions[_auctionId].active = false;
                    auctions[_auctionId].finalized = true;
                    emit AuctionFinalized(msg.sender, _auctionId);
        }
}
```

부분적으로 살펴보면,

```
Auction memory myAuction = auctions[_auctionId];
```

_auctionId를 가지고 옥션에 접근한다. 여기서 memory는 휘발성으로서 잠시 메모리에 저장되는 것으로 보면 된다.

```
if(approveAndTransfer(address(this), _to, myAuction.repoAddress,
myAuction.tokenId)){
```

옥션의 NFT 컨트랙트 어드레스(_repoAddress)와 _tokenId, 현재 컨트랙트 어드레스(address(this))와 받는 어드레스(_to)를 approveAndTransfer 함수에 전달한다.

이는 받는 어드레스에 소유권이 승인되고 전달되는 함수로서, 이것이 완료되면 해당 옥션의 상태가 종료로 바뀌고, AuctionFinalized 이벤트를 송출한다.

이 approveAndTransfer 함수는 다음과 같다. 이는 internal 함수로서, 컨트랙트 내부에서만 호출이 가능하다.

```
function approveAndTransfer(address _from, address _to, address _
repoAddress, uint256 _tokenId) internal returns(bool) {
        MyNFT remoteContract = MyNFT(_repoAddress);
        remoteContract.approve(_to, _tokenId);
```

```
        remoteContract.transferFrom(_from, _to, _tokenId);
        return true;
}
```

MyNFT 컨트랙트에 컨트랙트 어드레스를 넣고 인스턴스를 가져온 후, 인스턴스
의 approve(_to, _tokenId)를 통해 해당 토큰을 받는 어드레스(_to)를 승인하고,
transferFrom(_from, _to, _tokenId)을 통해 해당 어드레스로 전송한다.

읽기 전용을 위한 함수들로 옥션의 전체 개수를 반환하는 getCount(), 소유자의
옥션 리스트를 반환하는 getAuctionsOf(address _owner), 그 개수를 반환하는
getAuctionsCountOfOwner(address _owner), 특정 id에 대한 옥션을 반환하는
getAuctionById(uint _auctionId)를 다음과 같이 구현한다.

```
function getCount() public constant returns(uint) {
    return auctions.length;
}

function getAuctionsOf(address _owner) public constant
returns(uint[]) {
    uint[] memory ownedAuctions = auctionOwner[_owner];
    return ownedAuctions;
}

function getAuctionsCountOfOwner(address _owner) public constant
returns(uint) {
    return auctionOwner[_owner].length;
}

function getAuctionById(uint _auctionId) public constant returns(
    string name,
    uint256 price,
    string metadata,
    uint256 tokenId,
    address repoAddress,
    address owner,
    bool active,
```

```
     bool finalized) {
     Auction memory auc = auctions[_auctionId];
     return (
        auc.name,
        auc.price,
        auc.metadata,
        auc.tokenId,
        auc.repoAddress,
        auc.owner,
        auc.active,
        auc.finalized);
  }
```

마지막으로, 이벤트를 정의한다.

```
     event AuctionCreated(address _owner, uint _auctionId);
     event AuctionFinalized(address _owner, uint _auctionId);
}
```

이는 옥션이 생성된 이후, 옥션이 종료된 이후에 송출될 것이다.

전체 코드는 다음과 같다.

```
pragma solidity ^0.4.23;

import "./MyNFT.sol";

contract Auctions {
    Auction[] public auctions;
    mapping(address => uint[]) public auctionOwner;

    struct Auction {
        string name; // 제목
        uint256 price; // 가격
        string metadata; // 메타데이터 : ipfs hash
        uint256 tokenId; // tokenId
```

```solidity
    address repoAddress; // nft 컨트랙트 어드레스
    address owner; // 소유자
    bool active; //활성화 여부
    bool finalized; //판매 종료여부
}

function() public {
    revert();
}

modifier contractIsNFTOwner(address _repoAddress, uint256 _tokenId) {
    address nftOwner = MyNFT(_repoAddress).ownerOf(_tokenId);
    require(nftOwner == address(this));
    _;
}

function createAuction(address _repoAddress, uint256 _tokenId,
string _auctionTitle, string _metadata, uint256 _price) public
contractIsNFTOwner(_repoAddress, _tokenId) returns(bool) {
    uint auctionId = auctions.length;
    Auction memory newAuction;
    newAuction.name = _auctionTitle;
    newAuction.price = _price;
    newAuction.metadata = _metadata;
    newAuction.tokenId = _tokenId;
    newAuction.repoAddress = _repoAddress;
    newAuction.owner = msg.sender;
    newAuction.active = true;
        newAuction.finalized = false;

    auctions.push(newAuction);
    auctionOwner[msg.sender].push(auctionId);

    emit AuctionCreated(msg.sender, auctionId);
    return true;
}

function finalizeAuction(uint _auctionId, address _to) public {
    Auction memory myAuction = auctions[_auctionId];
```

```
    if(approveAndTransfer(address(this), _to, myAuction.repoAddress,
  myAuction.tokenId)){
        auctions[_auctionId].active = false;
                                 auctions[_auctionId].finalized =
                                 true;
                                 emit AuctionFinalized(msg.sender, _
                                 auctionId);
  }
}


function approveAndTransfer(address _from, address _to, address _
repoAddress, uint256 _tokenId) internal returns(bool) {
                MyNFT remoteContract = MyNFT(_repoAddress);
                remoteContract.approve(_to, _tokenId);
                  remoteContract.transferFrom(_from, _to, _tokenId);
                return true;
        }


            function getCount() public constant returns(uint) {
  return auctions.length;
}


function getAuctionsOf(address _owner) public constant
returns(uint[]) {
  uint[] memory ownedAuctions = auctionOwner[_owner];
  return ownedAuctions;
}


function getAuctionsCountOfOwner(address _owner) public constant
returns(uint) {
  return auctionOwner[_owner].length;
}


function getAuctionById(uint _auctionId) public constant returns(
  string name,
  uint256 price,
  string metadata,
  uint256 tokenId,
  address repoAddress,
  address owner,
```

```
        bool active,
        bool finalized) {
        Auction memory auc = auctions[_auctionId];
        return (
            auc.name,
            auc.price,
            auc.metadata,
            auc.tokenId,
            auc.repoAddress,
            auc.owner,
            auc.active,
            auc.finalized);
    }

    event AuctionCreated(address _owner, uint _auctionId);
    event AuctionFinalized(address _owner, uint _auctionId);
}
```

컨트랙트 배포를 위해 마이그레이션 파일인 2_nft_migration.js를 열고, 다음과 같이 컨트랙트를 추가한다.

```
const MyNFT = artifacts.require("./MyNFT.sol");
const Auctions = artifacts.require("./Auctions.sol");

module.exports = function(deployer) {
    deployer.deploy(MyNFT, "AvarCat", "ACat")
    deployer.deploy(Auctions)
};
```

컨트랙트를 저장한 후, 트러플 컴파일 및 배포를 한다.

```
$ truffle compile
$ truffle migrate --reset
```

이로써, 로컬상의 컨트랙트 배포가 완료되었다.

▌웹 프론트엔드 초기 구성

웹 프론트엔드 단으로 넘어와서 UI 구성을 시작해 보자.

여기서는 vue-cli를 활용하여 프론트엔드 파일을 초기 구성해 보자.

```
$ vue create frontend-nftdapp
```

default를 선택하면 관련 파일이 자동으로 설치된다.

설치가 완료되면 frontend-nftdapp 프로젝트 루트에서 다음의 프론트엔드 라이브
러리를 설치한다.

```
$ npm install vue-router vuetify -s
```

라우팅을 위한 vue-router와 css 디자인 프레임워크인 vuetify를 설치한다.

```
$ npm install web3@0.20.6 -s
```

Web3JS 라이브러리를 설치한다.

```
$ npm install axios vue-axios -s
```

네트워크 리퀘스트를 위한 axios 라이브러리를 설치한다.

▌메타마스크 연동

가나슈와 메타마스크를 연동하기 위해, 메타마스크 > 설정 > New Network에

http://127.0.0.1:7545를 기입하고 저장한다.

그러면 프라이빗 네트워크가 새로 생성된다.

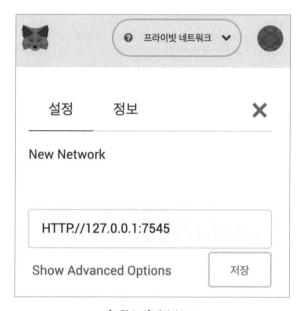

[그림 9-3] 메타마스크

가나슈를 열고, 첫 번째 어카운트의 오른쪽 열쇠를 누르면, 비밀키가 나온다.

[그림 9-4] 비밀키

이 비밀키를 복사하고, 메타마스크를 열어 '계정 가져오기'를 누르면 다음과 같은 페이지가 나오는데,

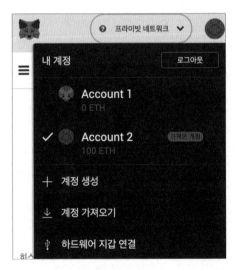

새 계정

생성 **가져오기** 연결

가져온 계정은 메타마스크에서 원래 생성된 계정의 시드구문과 연관
성이 없습니다. 가져온 계정에 대해 더 배우기 <u>여기</u>

형식 선택   개인키   ▼

개인키를 입력해주세요:

취소   가져오기

[그림 9-5] 계정

여기에 비밀키를 붙여 넣고 가져오기를 누르면 계정이 연동된다.

프라이빗 네트워크 ✔

내 계정   로그아웃

Account 1
0 ETH

✔ Account 2   가져온 계정
100 ETH

+ 계정 생성

↓ 계정 가져오기

⇡ 하드웨어 지갑 연결

[그림 9-6] 계정

▌컨트랙트 파일 구성

프론트페이지(frontend-nftdapp)로 돌아와서 /src/contracts 폴더를 만들고, 컴파일된 솔리디티 파일을 복사하자.

이는 backend-nftdapp 프로젝트의 build/contracts/MyNFT.json 파일과 build/contracts/Auctions.json 파일이다.

이 json 파일에는 abi 필드와 컨트랙트 어드레스가 들어 있는데, 이를 가지고 웹에서 컨트랙트를 연동할 때 사용할 것이다.

컨트랙트 어드레스는 컨트랙트가 배포되면 보통 JSON 파일 맨 아래에 위치한 networks 오브젝트의 address로 포함되어 있다.

```
1771      },
1772      "compiler": {
1773        "name": "solc",
1774        "version": "0.4.25+commit.59dbf8f1.Emscripten.clang"
1775      },
1776      "networks": {
1777        "5777": {
1778          "events": {},
1779          "links": {},
1780          "address": "0x3cd92247e5331d3b51f6cbeff4e5d3ef420f1989",
1781          "transactionHash": "0xc2027e4edde681818c53398bbbcf3fdb42129e065fe0ca3108fe46
1782        }
1783      },
1784      "schemaVersion": "2.0.2",
```

[그림 9-7] 컨트랙트 어드레스

/src/config.js를 생성하고, 다음과 같이 구성한다.

```
const MyNFT = require('./contracts/MyNFT')
const Auctions = require('./contracts/Auctions')

export default {
    MYNFT_CA: '<MyNFT 컨트랙트 어드레스>',
    AUCTIONS_CA: '<Auctions 컨트랙트 어드레스>',
```

```
    MYNFT_ABI: MyNFT.abi,
    AUCTIONS_ABI: Auctions.abi,

    GAS_AMOUNT: 500000
}
```

이는 프론트단 개발 중에 필요한 구성 파일로, ABI는 JSON에서 접근하여 가져오고, 컨트랙트 어드레스는 배포한 개별 컨트랙트 어드레스를 입력한다.

▌라우팅 구성

라우팅 구성을 위해 /src/router.js를 생성하고 다음과 같이 구성한다.

앞으로 구현할 마켓플레이스인 Main.vue, 소유한 아이템을 전달할 수 있는 Wallet. vue, 새 아이템을 업로드하는 Upload.vue 파일을 연동한다.

```
import Vue from 'vue'
import Router from 'vue-router'

import Main from './views/Main.vue'
import Wallet from './views/Wallet.vue'
import Upload from './views/Upload.vue'

Vue.use(Router)

export default new Router({
  mode: 'history',
  base: process.env.BASE_URL,
  routes: [
    {
      path: '/',
      name: 'main',
      component: Main
```

```
    },
    {
      path: '/wallet',
      name: 'wallet',
      component: Wallet
    },
    {
      path: '/upload',
      name: 'upload',
      component: Upload
    }
  ]
})
```

views 디렉터리를 만들고, 개별 vue 파일을 생성해 놓자. views 디렉터리를 별도로 만든 이유는 페이지 형태로 관리하기 위함이다. 각 페이지에 사용할 컴포넌트를 배치하는 구조이다.

▌ main.js 구성

이제 진입 부분인 main.js를 구성해 본다.

라이브러리인 vuetify와 axios, web3 관련 라이브러리를 임포트하고, 앞서 구축한 route.js와 config.js도 차례로 임포트한다.

```
import Vue from 'vue'
import App from './App.vue'
import router from './router'
import Vuetify from 'vuetify'
import axios from 'axios'
import VueAxios from 'vue-axios'
import Web3 from 'web3'
```

```
import Config from './config'

Vue.use(Vuetify)
Vue.use(VueAxios, axios)

Vue.config.productionTip = false

new Vue({
  router,
  render: h => h(App),
}).$mount('#app')
```

그리고 여기에 Vue의 믹스인을 활용해, 전역적으로 사용할 수 있는 web3와 config
인스턴스를 다음과 같이 추가한다.

```
Vue.mixin({
  created() {
    const web3js = window.web3
    if(typeof web3js !== 'undefined') {
      this.$web3 = new Web3(web3js.currentProvider)
    }

    this.$getDefaultAccount = () => {
      return new Promise((resolve, reject) => {
        this.$web3.eth.getAccounts((err, data) => {
          if(!err) resolve(data[0])
          reject(err)
        })
      })
    }
    this.$config = Config
  }
})
```

이제 개별 컴포넌트에서도 this.$web3 혹은 this.$config로 해당 인스턴스에 접근
할 수 있다.

그리고 전역적으로 $getDefaultAccount() 함수를 통해 어카운트를 가져오는 프로미스를 구현했다.

▌ views 구성

public/index.html을 열고, head에 다음과 같은 CSS를 임포트한다. 이는 vuetify 컴포넌트를 사용할 때 이용하기 위한 CSS이다.

```
<head>
  ...
  <link href='https://fonts.googleapis.com/css?family=Roboto:300,400,5
  00,700|Material+Icons' rel="stylesheet">
  <link href="https://fonts.googleapis.com/css?family=Open+Sans"
  rel="stylesheet">
</head>
```

다음으로 /src/views 폴더의 Main.vue, Upload.vue, Wallet.vue를 구성해 본다.

Main.vue는 마켓플레이스 컴포넌트를 위치시키고, Upload.vue는 아이템 업로드 및 옥션 등록을 위한 컴포넌트를 배치한다. Wallet.vue 역시 월렛과 관련한 컴포넌트를 넣는다.

단순한 페이지 구성을 하고, 개별 컴포넌트에서 주요 비즈니스 로직을 처리할 것이다.

```
#Main.vue
<template>
  <div>
      <h2>Main Page</h2>
      <Marketplace />
  </div>
```

```
</template>
<script>
  import Marketplace from '@/components/Marketplace.vue'

  export default {
    components: {
      Marketplace
    }
  }
</script>
```

#Upload.vue
```
<template>
  <div>
    <h2>Upload Page</h2>
    <MyUpload />
  </div>
</template>
<script>
import MyUpload from '@/components/MyUpload.vue'

export default {
  components: {
    MyUpload
  }
}
</script>
```

#Wallet.vue
```
<template>
  <div>
    <h2>Wallet Page</h2>
    <MyWallet />
  </div>
</template>

<script>
  import MyWallet from '@/components/MyWallet.vue'
```

```
    export default {
        components: {
            MyWallet
        }
    }
</script>
```

기본 페이지인 App.vue는 다음과 같이 라우트 뷰를 구성한다.

```
<template>
    <v-app light>
        <v-toolbar fixed color="teal lighten-2" app dark :clipped-
        left="true">
            <v-toolbar-title>NFT APP</v-toolbar-title>
            <v-spacer></v-spacer>

            <div class="nav">
                <a href="/">Home</a>
                <a href="/wallet">Wallet</a>
                <a href="/upload">Upload</a>
            </div>
        </v-toolbar>
        <v-content class="contentWrapper">
            <v-container fluid>
                <router-view></router-view>
            </v-container>
        </v-content>
    </v-app>
</template>

<script>
import 'vuetify/dist/vuetify.min.css'

export default {
    name: 'app'
}
</script>
```

```css
<style>
#app {
  font-family: 'Avenir', Helvetica, Arial, sans-serif;
  -webkit-font-smoothing: antialiased;
  -moz-osx-font-smoothing: grayscale;
  text-align: center;
  color: #2c3e50;
  margin-top: 60px;
}

.nav a {
  font-weight: bold;
  color: #2c3e50;
  margin: 10px;
}

.nav a.router-link-exact-active {
  color: #42b983;
}

.contentWrapper {
  padding-top: 20px;
}
</style>
```

<route−view></route−view>에서 라우팅을 구성한 페이지가 렌더링된다.

▌ 컴포넌트 개발

이제 개별 컴포넌트를 만들어 보자.

MyUpload.vue

/src/components/MyUpload.vue를 생성한다.

tokenId를 생성하고, 이미지를 IPFS로 업로드하고 제출하는 버튼과 컨트랙트 어드레스로 전송하는 버튼에 대한 UI를 다음과 같이 구현한다.

```html
<template>
  <div>
    <v-form class="form" ref="form">
      <v-text-field
        v-model="tokenId"
        label="Unique ID">
      </v-text-field>

      <input
        type="file"
        @change="captureFile" />

      <v-btn @click="uploadImg" outline color="teal">UploadImg</v-btn>
      <img :src="uploadedImg()" width="300" />

      <v-text-field
        v-model="dataURI"
        label="Data URI"
        required
        ></v-text-field>

      <v-btn @click="submit" outline color="teal">Submit</v-btn>

      <div v-show="isRegistered">
        <v-btn @click="transferToCA" outline
        color="teal">TransferToCA</v-btn>
      </div>
    </v-form>
  </div>
</template>
```

tokenId 텍스트 필드와 이미지 업로드를 위한 파일 인풋, dataURI 텍스트 필드가 있으며, submit 버튼에서 이를 제출하게 된다.

또한, 컨트랙트 어드레스로 NTF를 전송하는 부분은 다음과 같다.

```
<div v-show="isRegistered">
  <v-btn @click="transferToCA" outline
  color="teal">TransferToCA</v-btn>
</div>
```

isRegistered가 true일 경우에만 해당 버튼을 보여 주는 식으로 구현했다.

여기에 대응되는 데이터는 다음과 같다.

```
<script>
export default {
  data() {
    return {
      account: null,
      contractInstance: null,
      file: null,
      tokenId: null,
      isRegistered: false,
      dataURI: null
    }
  },
}
</script>
```

account와 contractInstance는 컨트랙트 호출을 위해 사용되고, file은 이미지 파일 업로드와 dataURI는 ipfs 해시, tokenId는 토큰의 ID, isRegistered는 등록되어 있는지 여부로서 기본값은 false이다.

```
async mounted() {
    this.account = await this.$getDefaultAccount()
    this.contractInstance = this.$web3.eth.contract(this.$config.
    MYNFT_ABI).at(this.$config.MYNFT_CA)
```

248

```
      this.tokenId = this._getRandomInt(123456789,999999999)
},
```

컴포넌트 마운트 시에 어카운트와 컨트랙트 인스턴스를 가져온다. 함수는 async, await 구문을 사용한다.

그리고 tokenId는 _getRandomInt 함수를 호출하는데, 이는 최솟값과 최댓값 사이에 랜덤한 숫자를 가져온다. 이는 테스트 용도로서 유일성을 담보하지 않는다.

```
methods: {
    _getRandomInt(min, max) {
        return Math.floor(Math.random() * (max - min + 1)) + min
    }
}
```

이미지 파일 업로드와 관련한 메서드를 살펴보겠다.

```
captureFile(event) {
        event.stopPropagation()
        this.file = event.target.files[0]
},
```

captureFile()은 파일 인풋에 대한 이벤트로 file을 가져온다.

```
    async uploadImg() {
      if(!this.file){
        alert("Please put the file on input.")
        return
      }

      const formData = new FormData()
      formData.append('file', this.file)
      this.axios({
```

```
        method: 'post',
        baseURL: 'https://ipfs.infura.io:5001',
        url: '/api/v0/add',
        data: formData,
        headers: {'Content-Type': 'multipart/form-data'}
    }).then((response)=> {
        this.dataURI = response.data.Hash
    })
},
```

uploadImg()의 경우, 파일이 있는지 확인하고, FormData를 생성하여 해당 파일을
추가한다. 여기서는 axios 라이브러리를 사용해 IPFS 인푸라에 네트워크 리퀘스트
를 전송한다.

이에 대한 응답 데이터로 IPFS 해시를 dataURI 변수에 넣는다.

```
uploadedImg(){
        return 'https://gateway.ipfs.io/ipfs/'+this.dataURI
},
```

uploadedImg는 업로드한 IPFS 해시를 가져와서 이미지 URL을 리턴하는 함수
이다.

생성한 tokenId와 IPFS 해시를 가지고 컨트랙트에 등록하는 프로세스를 submit()
함수에서 구현해 보겠다.

```
submit() {
    if(!this.dataURI){
        alert("Fill in dataURI on the input")
        return
    }

    this.contractInstance.registerUniqueToken(this.account, this.
    tokenId, this.dataURI, {
```

```
        from: this.account,
        gas: this.$config.GAS_AMOUNT
      }, (error, result) => {
        console.log("result",result)
    })

    this.watchTokenRegistered((error, result) => {
      if(!error) {
      alert("Token registered...!")
        this.isRegistered = true
      }
    })
},
```

this.contractInstance.registerUniqueToken(this.account, this.tokenId, this.
dataURI)는 앞서 구축한 컨트랙트에 registerUniqueToken 함수를 호출하는 것으
로서, 현재 계정과 tokenId, dataURI를 전송한다.

이에 대한 옵션 파라미터로서, 보내는 어카운트와 가스를 함께 넘기고, 이에 대한 콜
백 함수로 응답값을 받게 된다.

토큰 등록 완료 이벤트를 받게 되면 this.isRegistered = true를 세팅한다. 이에 연
동되어 있는 'transferToCA' 버튼이 보이게 된다.

```
async watchTokenRegistered(cb) {
  const currentBlock = await this.getCurrentBlock()
  const eventWatcher = this.contractInstance.TokenRegistered({},
  {fromBlock: currentBlock - 1, toBlock: 'latest'})
  eventWatcher.watch(cb)
},

getCurrentBlock() {
  return new Promise((resolve, reject ) => {
    this.$web3.eth.getBlockNumber((err, blocknumber) => {
        if(!err) resolve(blocknumber)
        reject(err)
```

```
        })
    })
}
```

watchTokenRegistered() 함수는 TokenRegistered 이벤트를 리슨하고 콜백 함수를 수행한다.

transferToCA 버튼을 누를 시에 호출하는 함수는 다음과 같다. 이는 tokenId를 옥션 컨트랙트 어드레스에 전송한다.

```
transferToCA() {
    this.contractInstance.transferFrom(this.account, this.$config.
    AUCTIONS_CA, this.tokenId, {
        from: this.account,
        gas: this.$config.GAS_AMOUNT
    }, (error, result) => {
        console.log("result",result)
    })

    this.watchTransfered((error, result) => {
        if(!error) alert("Token transfered to CA...!")
    })
},
```

this.contractInstance.transferFrom()으로 계정, Auctions 컨트랙트 어드레스, tokenId를 전송한다.

watchTransfered()는 Transfer 이벤트에 대한 리스너로서, 이 이벤트가 호출되면 캐치하여 액션을 수행한다.

```
async watchTransfered(cb) {
    const currentBlock = await this.getCurrentBlock()
    const eventWatcher = this.contractInstance.Transfer({},
    {fromBlock: currentBlock - 1, toBlock: 'latest'})
```

```
        eventWatcher.watch(cb)
    },
```

#PostAuction.vue

이어서 옥션을 생성하는 컴포넌트를 만들어 보자.

/src/components/PostAuction.vue를 생성하고, 다음과 같은 UI를 배치한다.

```
<template>
  <div>
    <v-form class="form" ref="form">
      <v-text-field
       v-model="tokenid"
      ></v-text-field>

        <v-text-field
            v-model="auction.auctionTitle"
            placeholder="e.g. My NFT"
            label="Auction title"
            persistent-hint
            ></v-text-field>

        <v-text-field
            v-model="auction.price"
            placeholder="e.g. 1"
            label="Price"
            persistent-hint
            ></v-text-field>

        <v-btn @click="createAuction()" outline color="teal">Create
        Auction</v-btn>
    </v-form>
  </div>
</template>
```

tokenId와 옥션의 제목, 가격에 대한 텍스트 필드와 전송하는 버튼이 배치되어 있다.

컴포넌트로 전달하는 프로퍼티와 데이터를 다음과 같이 정의한다.

```
<script>
export default {
  props: ['tokenid', 'metadata'],

  data() {
    return {
      account: null,
      contractInstance: null,

      auction: {
        auctionTitle: '',
        price: null
      },
    }
  },
}
</script>
```

프로퍼티로는 tokenId와 메타데이터(metadata)가 있는데, 여기서 메타데이터는 앞서 업로드한 IPFS 해시를 전달한다.

```
async mounted() {
    this.account = await this.$getDefaultAccount()
    this.contractInstance = this.$web3.eth.contract(this.$config.
    AUCTIONS_ABI).at(this.$config.AUCTIONS_CA)
},
```

마운트 시에 인스턴스를 초기화하고 기본 계정을 가져온다.

옥션을 생성하는 메서드를 다음과 같이 구현해 보자.

```
methods: {
    async createAuction() {
        if(!this.tokenid) {
            alert("Check for tokenId")
            return
        }

        const price = this.$web3.toWei(this.auction.price, 'ether')
        this.contractInstance.createAuction(this.$config.MYNFT_CA,
        this.tokenid, this.auction.auctionTitle, this.metadata,
        price, {from: this.account, gas: this.$config.GAS_AMOUNT},
        (error, transactionHash) => {
                console.log("txhash",transactionHash)
            })
        this.watchCreated((error, result) => {
            if(!error) alert("Creation completed...!")
        })
    },
}
```

여기서 이더 단위 가격의 숫자를 wei 단위로 바꾸는 함수는 이와 같다.

```
const price = this.$web3.toWei(this.auction.price, 'ether')
```

이렇게 변환된 값을 this.contractInstance.createAuction()에 전송한다.

이에 대한 인자로서, MyNFT의 컨트랙트 어드레스(this.$config.MYNFT_CA), tokenId (this.tokenId), 옥션 제목 (this.auction.auctionTitle), 업로드 이미지의 IPFS 해시(this.metadata), 가격(price)이 있다.

전송 완료 후 이벤트 리스너인 watchCreated는 다음과 같이 구성된다.

```
async watchCreated(cb) {
        const currentBlock = await this.getCurrentBlock()
        const eventWatcher = this.contractInstance.AuctionCreated({},
```

```
{fromBlock: currentBlock - 1, toBlock: 'latest'})
        eventWatcher.watch(cb)
},
```

이 컴포넌트의 전체 코드는 다음과 같다.

```
<template>
  <div>
    <v-form class="form" ref="form">
      <v-text-field
        v-model="tokenid"
      ></v-text-field>

        <v-text-field
            v-model="auction.auctionTitle"
            placeholder="e.g. My NFT"
            label="Auction title"
            persistent-hint
        ></v-text-field>

        <v-text-field
            v-model="auction.price"
            placeholder="e.g. 1"
            label="Price"
            persistent-hint
        ></v-text-field>

        <v-btn @click="createAuction()" outline color="teal">Create
        Auction</v-btn>
    </v-form>
  </div>
</template>
<script>
export default {
  props: ['tokenid', 'metadata'],

  data() {
    return {
```

```
      account: null,
      contractInstance: null,

      auction: {
        auctionTitle: '',
        price: null
      },
    }
  },

  async mounted() {
    this.account = await this.$getDefaultAccount()
    this.contractInstance = this.$web3.eth.contract(this.$config.
    AUCTIONS_ABI).at(this.$config.AUCTIONS_CA)
  },

  methods: {
    async createAuction() {
      if(!this.tokenid) {
        alert("Check for tokenId")
        return
      }

      const price = this.$web3.toWei(this.auction.price, 'ether')
      this.contractInstance.createAuction(this.$config.MYNFT_CA,
      this.tokenid, this.auction.auctionTitle, this.metadata,
      price, {from: this.account, gas: this.$config.GAS_AMOUNT},
      (error, transactionHash) => {
              console.log("txhash",transactionHash)
        })
      this.watchCreated((error, result) => {
        if(!error) alert("Creation completed...!")
      })
    },

    async watchCreated(cb) {
      const currentBlock = await this.getCurrentBlock()
      const eventWatcher = this.contractInstance.AuctionCreated({},
      {fromBlock: currentBlock - 1, toBlock: 'latest'})
      eventWatcher.watch(cb)
```

```
    },

    getCurrentBlock() {
      return new Promise((resolve, reject ) => {
        this.$web3.eth.getBlockNumber((err, blocknumber) => {
            if(!err) resolve(blocknumber)
            reject(err)
        })
      })
    }
  }
}
</script>
```

이제 이 컴포넌트를 MyUpload.vue에 임포트해 보자.

<script> 태그 안에

```
import PostAuction from '@/components/PostAuction.vue'
```

를 임포트하고, 컴포넌트를 추가한다.

```
components: {
    PostAuction
},
```

UI 단에서 컴포넌트를 배치하고,

```
<PostAuction v-bind:tokenid="tokenId" v-bind:metadata="dataURI" />
```

이와 같이 연동된 데이터인 tokenId와 dataURI를 전달한다.

MyUpload.vue 컴포넌트의 전체 코드는 다음과 같다.

```
<template>
  <div>
    <v-form class="form" ref="form">
      <v-text-field
        v-model="tokenId"
        label="Unique ID">
      </v-text-field>

      <input
        type="file"
        @change="captureFile" />

      <v-btn @click="uploadImg" outline color="teal">UploadImg</
      v-btn>
      <img :src="uploadedImg()" width="300" />

      <v-text-field
        v-model="dataURI"
        label="Data URI"
        required
        ></v-text-field>

      <v-btn @click="submit" outline color="teal">Submit</v-btn>

      <div v-show="isRegistered">
        <v-btn @click="transferToCA" outline
        color="teal">TransferToCA</v-btn>
      </div>
    </v-form>

    <PostAuction v-bind:tokenid="tokenId" v-bind:metadata="dataURI" />
  </div>
</template>
<script>
import PostAuction from '@/components/PostAuction.vue'

export default {
  data() {
    return {
      account: null,
```

```
        contractInstance: null,
        file: null,
        tokenId: null,
        isRegistered: false,
        dataURI: null
    }
},

components: {
    PostAuction
},

async mounted() {
    this.account = await this.$getDefaultAccount()
    this.contractInstance = this.$web3.eth.contract(this.$config.
    MYNFT_ABI).at(this.$config.MYNFT_CA)

    this.tokenId = this._getRandomInt(123456789,999999999)
},

methods: {
    _getRandomInt(min, max) {
        return Math.floor(Math.random() * (max - min + 1)) + min
    },
    captureFile(event) {
        event.stopPropagation()
        this.file = event.target.files[0]
    },

    async uploadImg() {
        if(!this.file){
            alert("Please put the file on input.")
            return
        }

        const formData = new FormData()
        formData.append('file', this.file)
        this.axios({
            method: 'post',
            baseURL: 'https://ipfs.infura.io:5001',
```

```
        url: '/api/v0/add',
        data: formData,
        headers: {'Content-Type': 'multipart/form-data'}
    }).then((response)=> {
        this.dataURI = response.data.Hash
    })
},

uploadedImg(){
    return 'https://gateway.ipfs.io/ipfs/'+this.dataURI
},

submit() {
    if(!this.dataURI){
        alert("Fill in dataURI on the input")
        return
    }

    this.contractInstance.registerUniqueToken(this.account, this.
    tokenId, this.dataURI, {
            from: this.account,
            gas: this.$config.GAS_AMOUNT
        }, (error, result) => {
            console.log("result",result)
    })

    this.watchTokenRegistered((error, result) => {
        if(!error) {
            alert("Token registered...!")
            this.isRegistered = true
        }
    })
},

transferToCA() {
    this.contractInstance.transferFrom(this.account, this.$config.
    AUCTIONS_CA, this.tokenId, {
            from: this.account,
            gas: this.$config.GAS_AMOUNT
        }, (error, result) => {
```

```
                console.log("result",result)
            })

        this.watchTransfered((error, result) => {
            if(!error) alert("Token transfered to CA...!")
        })
    },


    async watchTokenRegistered(cb) {
        const currentBlock = await this.getCurrentBlock()
        const eventWatcher = this.contractInstance.TokenRegistered({},
        {fromBlock: currentBlock - 1, toBlock: 'latest'})
        eventWatcher.watch(cb)
    },

    async watchTransfered(cb) {
        const currentBlock = await this.getCurrentBlock()
        const eventWatcher = this.contractInstance.Transfer({},
        {fromBlock: currentBlock - 1, toBlock: 'latest'})
        eventWatcher.watch(cb)
    },

    getCurrentBlock() {
        return new Promise((resolve, reject ) => {
            this.$web3.eth.getBlockNumber((err, blocknumber) => {
                if(!err) resolve(blocknumber)
                reject(err)
            })
        })
    },

    }

}
</script>
```

MyWallet.vue

지갑 컴포넌트의 역할은 현재 계정 정보를 표시하고, 자신이 생성한 옥션을 확인, 보내는 이에게 옥션에 속하는 NFT 토큰을 전송하는 프로세스를 구현한다.

UI 단은 다음과 같이 구성된다.

```html
<template>
  <div class="containWrap">
      <v-card class="cardG">
        <div>
          <p class="text-center address">
              {{account}} <span class="reftxt">(Address)</span>
          </p>
          <p class="text-center balance">
              {{balance}} Ether <span class="reftxt">(Balance)</
            span>
          </p>
        </div>
      </v-card>

      <h2>Transfer</h2>
      <v-select v-model="selectedAuction" :items="auctionIds"
      label="Asset" @change="getAuctionById"></v-select>
      <div v-show="selectedAuction">
        <h3>Auction Info</h3>
        <div>Title: {{auctionInfo.title}}</div>
        <div>Price: {{auctionInfo.price}} Ether</div>
        <div>TokenId: {{auctionInfo.tokenId}}</div>
        <div>Owner: {{auctionInfo.owner}}</div>
      </div>

      <v-text-field
        v-model="toAddress"
        label="To Address"
        required
      ></v-text-field>
```

```
      <v-btn @click="finalizeAuction" outline color="teal">Finalize</
      v-btn>
  </div>
</template>
```

상단은 어드레스와 잔액 정보를 표시하는 기본 계정 정보이다.

Transfer 단의 경우, 옥션 리스트를 v-select 컴포넌트를 통해 나열하고, 해당 옥션을 선택하면 선택한 옥션에 대한 정보가 아래에 표시된다.

마지막으로 받는 어드레스(toAddress) 텍스트 필드에 어드레스를 기입하고, 전송하는 'Finalize' 버튼이 있다.

데이터 값은 다음과 같이 정의한다.

```
<script>
  export default {
    data() {
      return {
        account: '',
        balance: null,

        ciMyNFT: null,
        ciAuctions: null,

        auctionIds: [],
        toAddress: null,
        selectedAuction: null,

        auctionInfo: {
          title: '',
          price: 0,
          tokenId: '',
          owner: ''
        }
      }
```

```
        }
    }
</script>
```

여기서 ciMyNFT는 MyNFT에 대한 컨트랙트 인스턴스이고, ciAuctions는 Auctions에 대한 컨트랙트 인스턴스이다.

auctionIds는 옥션이 저장되는 배열이고, toAddress는 받는 어드레스, selectedAuction은 선택한 옥션에 대한 데이터이다.

마운트 시에 호출되는 함수는 다음과 같다.

```
async mounted() {
    this.account = await this.$getDefaultAccount()

    this.$web3.eth.getBalance(this.account, (error, result) => {
        this.balance = this.$web3.fromWei(result, 'ether')
    })

    this.ciMyNFT = this.$web3.eth.contract(this.$config.MYNFT_ABI).
    at(this.$config.MYNFT_CA)
    this.ciAuctions = this.$web3.eth.contract(this.$config.
    AUCTIONS_ABI).at(this.$config.AUCTIONS_CA)

    this.getMyAuctions()
},
```

잔액을 조회하고 이를 web3.fromWei() 함수를 사용하여 이더 단위로 바꿔서 대입한다. 그리고 MyNFT와 Auctions 인스턴스를 가져온다.

여기서 getMyAuctions()에 대한 함수는 다음과 같다.

```
methods: {
    getMyAuctions() {
```

```
        this.ciAuctions.getAuctionsOf(this.account, {from: this.
        account, gas: this.$config.GAS_AMOUNT}, (error, result) => {
          this.auctionIds = result
        })
    },
}
```

Auctions의 컨트랙트 함수로 getAuctionsOf(this.account)를 호출하는데 현재 계
정의 옥션 리스트를 가져오게 된다. 이는 옥션 id의 배열로서, auctionIds에 세팅
한다.

한편, select 컴포넌트에서 특정 옥션 id를 선택하면 getAuctionById 함수가 호출
된다.

```
getAuctionById() {
        this.ciAuctions.getAuctionById(this.selectedAuction, {from:
        this.account, gas: this.$config.GAS_AMOUNT}, (error, result)
        => {
          this.auctionInfo.title = result[0]
          this.auctionInfo.price = this.$web3.fromWei(result[1],
        'ether')
          this.auctionInfo.tokenId = result[3]
          this.ciMyNFT.ownerOf(result[3], {}, (error, owner) => {
            this.auctionInfo.owner = owner
          })
        })
    },
```

selectedAuction은 선택한 옥션의 id이며, 이를 인자로 전달하여 this.ciAuctions.
getAuctionById() 함수를 호출한다.

이에 대한 응답값을 auctionInfo 오브젝트의 필드로 대입한다. 이는 컨트랙트의 반
환값에 대한 순서이다.

여기서 가져오는 가격은 wei 단위이므로 이를 이더 단위로 바꾸는 함수인
this.$web3.fromWei(result[1], 'ether')를 사용한다.

this.ciMyNFT.ownerOf()의 경우, 인자로 tokenId를 넘겨서 MyNFT 컨트랙트로
부터 해당 토큰의 소유자를 가져온다.

마지막으로, 옥션을 최종적으로 특정 어드레스에 보내는 finalizeAuction() 함수를
구현한다.

```
finalizeAuction() {
        if(!this.toAddress) {
          alert("please fill in to Address")
          return
        }

        this.ciAuctions.finalizeAuction(this.selectedAuction, this.
        toAddress, {from: this.account, gas: this.$config.GAS_
        AMOUNT}, (error, result) => {
          console.log(result)
        })

        this.watchFinalized((error, result) => {
          if(!error) alert("Auction finalized...!")
        })
},
```

this.ciAuctions.finalizeAuction() 함수는 Auctions의 컨트랙트 함수를 호출하는
것으로서, 선택한 옥션의 id와 받는 어드레스를 인자로 전달한다.

이 밖에 이벤트를 리슨하는 부분은 앞서와 비슷하다.

이 컴포넌트의 전체 코드는 다음과 같다.

```
<template>
  <div class="containWrap">
```

```
            <v-card class="cardG">
                <div>
                    <p class="text-center address">
                        {{account}} <span class="reftxt">(Address)</span>
                    </p>
                    <p class="text-center balance">
                        {{balance}} Ether <span class="reftxt">(Balance)</span>
                    </p>
                </div>
            </v-card>

            <h2>Transfer</h2>
            <v-select v-model="selectedAuction" :items="auctionIds"
            label="Asset" @change="getAuctionById"></v-select>
            <div v-show="selectedAuction">
                <h3>Auction Info</h3>
                <div>Title: {{auctionInfo.title}}</div>
                <div>Price: {{auctionInfo.price}} Ether</div>
                <div>TokenId: {{auctionInfo.tokenId}}</div>
                <div>Owner: {{auctionInfo.owner}}</div>
            </div>

            <v-text-field
                v-model="toAddress"
                label="To Address"
                required
            ></v-text-field>

            <v-btn @click="finalizeAuction" outline color="teal">Finalize</
            v-btn>
        </div>
    </template>
    <script>
        export default {
            data() {
                return {
                    account: '',
                    balance: null,

                    ciMyNFT: null,
```

```
        ciAuctions: null,

        auctionIds:[],
        toAddress: null,
        selectedAuction: null,

        auctionInfo: {
          title: '',
          price: 0,
          tokenId: '',
          owner: ''
        }
      }
    },

    async mounted() {
      this.account = await this.$getDefaultAccount()

      this.$web3.eth.getBalance(this.account, (error, result) => {
        this.balance = this.$web3.fromWei(result, 'ether')
      })

      this.ciMyNFT = this.$web3.eth.contract(this.$config.MYNFT_ABI).
      at(this.$config.MYNFT_CA)
      this.ciAuctions = this.$web3.eth.contract(this.$config.
      AUCTIONS_ABI).at(this.$config.AUCTIONS_CA)

      this.getMyAuctions()
    },

    methods: {
      getMyAuctions() {
        this.ciAuctions.getAuctionsOf(this.account, {from: this.
        account, gas: this.$config.GAS_AMOUNT}, (error, result) => {
          this.auctionIds = result
        })
      },

      getAuctionById() {
        this.ciAuctions.getAuctionById(this.selectedAuction, {from:
```

```
      this.account, gas: this.$config.GAS_AMOUNT}, (error, result)
      => {
         console.log(result)
         this.auctionInfo.title = result[0]
         this.auctionInfo.price = this.$web3.fromWei(result[1],
         'ether')
         this.auctionInfo.tokenId = result[3]
         this.ciMyNFT.ownerOf(result[3], {}, (error, owner) => {
            this.auctionInfo.owner = owner
         })
      })
   },

   finalizeAuction() {
      if(!this.toAddress) {
         alert("please fill in to Address")
         return
      }

      this.ciAuctions.finalizeAuction(this.selectedAuction, this.
      toAddress, {from: this.account, gas: this.$config.GAS_
      AMOUNT}, (error, result) => {
         console.log(result)
      })

      this.watchFinalized((error, result) => {
         if(!error) alert("Auction finalized...!")
      })
   },

   async watchFinalized(cb) {
      const currentBlock = await this.getCurrentBlock()
      const eventWatcher = this.ciAuctions.AuctionFinalized({},
      {fromBlock: currentBlock - 1, toBlock: 'latest'})
      eventWatcher.watch(cb)
   },

   getCurrentBlock() {
      return new Promise((resolve, reject ) => {
         this.$web3.eth.getBlockNumber((err, blocknumber) => {
```

```
                    if(!err) resolve(blocknumber)
                    reject(err)
                })
            })
        }
    }


    }
</script>
<style scoped>
  .containWrap {
    max-width: 600px;
    margin: 0 auto;
  }

  .cardG {
    margin: 10px;
    padding: 10px;
  }

  .cardG .reftxt {
    color: #b7afaf;
  }
</style>
```

#Marketplace.vue

마지막으로 마켓플레이스 컴포넌트를 구현해 본다. 이는 등록된 옥션을 리스팅한다.

전체 코드는 다음과 같다.

```
<template>
  <v-container grid-list-md text-xs-center>
    <v-layout row wrap>
        <v-flex v-for="(auction, index) in auctions" :key="index" xs4>
        <v-card>
```

```
            <v-img :src="auction.image" height="200px"></v-img>

          <div>Title: {{auction.title}}</div>
            <div>Price: {{auction.price}} Ether</div>
            <div>TokenId: {{auction.tokenId}}</div>
            <div>Owner: {{auction.owner}}</div>
            <div>Active: {{auction.active}}</div>
            <div>Finalized: {{auction.finalized}}</div>
        </v-card>
        </v-flex>
      </v-layout>
    </v-container>
</template>
<script>
export default {
  data() {
    return {
        ciMyNFT: null,
        ciAuctions: null,
        auctions: []
    }
  },

  mounted() {
    this.ciAuctions = this.$web3.eth.contract(this.$config.AUCTIONS_
    ABI).at(this.$config.AUCTIONS_CA)
    this.ciMyNFT = this.$web3.eth.contract(this.$config.MYNFT_ABI).
    at(this.$config.MYNFT_CA)
    this.getAuctions()
  },

  methods: {

    getAuctions() {
      this.ciAuctions.getCount({}, (error, result) => {
        const count = result

        for(let i=0; i<count; i++) {

            this.ciAuctions.getAuctionById(i, {}, (err, result) => {
```

```
                this.ciMyNFT.ownerOf(result[3], {}, (error, owner) => {

                    this.auctions.push({
                        title: result[0],
                        price: this.$web3.fromWei(result[1], 'ether'),
                        image: 'https://gateway.ipfs.io/ipfs/'+result[2],
                        tokenId: result[3],
                        owner: owner,
                        active: result[6],
                        finalized: result[7]
                    })
                })

            })
        }
    })
    }
    }
}
</script>
```

여기서 getAuctions() 함수를 살펴보자.

```
this.ciAuctions.getCount({}, (error, result) => {
```

this.contractInstance.getCount() 함수를 통해 전체 옥션의 개수를 가져온다.

```
for(let i=0; i<count; i++) {
    this.ciAuctions.getAuctionById(i, {}, (err, result) => {
```

이 개수만큼의 선형적인 인덱스를 for 루프로 순회하면서 this.contractInstance.
getAuctionById(i)를 통해 옥션 데이터를 가져온다.

```
this.ciMyNFT.ownerOf(result[3], {}, (error, owner) => {
```

가져온 결과 중에 tokenId를 this.ciMyNFT.ownerOf()에 넘겨서 해당 토큰의 소유자 정보를 가져온다.

```
image: 'https://gateway.ipfs.io/ipfs/'+result[2],
```

image의 경우, IPFS URL에 IPFS 해시를 넣어 구성한다.

```
this.auctions.push({
    title: result[0],
    price: this.$web3.fromWei(result[1], 'ether'),
    image: 'https://gateway.ipfs.io/ipfs/'+result[2],
    tokenId: result[3],
    owner: owner,
    active: result[6],
    finalized: result[7]
})
```

이 구성한 오브젝트를 최종적으로 auctions에 푸시하면, 이는 UI 단에서 카드 리스트 형태로 나열된다.

■ UI 테스트

이제 실행을 위한 모든 것이 준비되었다.

프로젝트 루트에서

```
$ npm run serve
```

를 실행하여 잘 작동하는지 테스트해 보자.

메인 페이지에는 아직 등록된 리스트가 없을 것이다.

Upload 링크를 클릭하면 다음과 같은 페이지가 열린다.

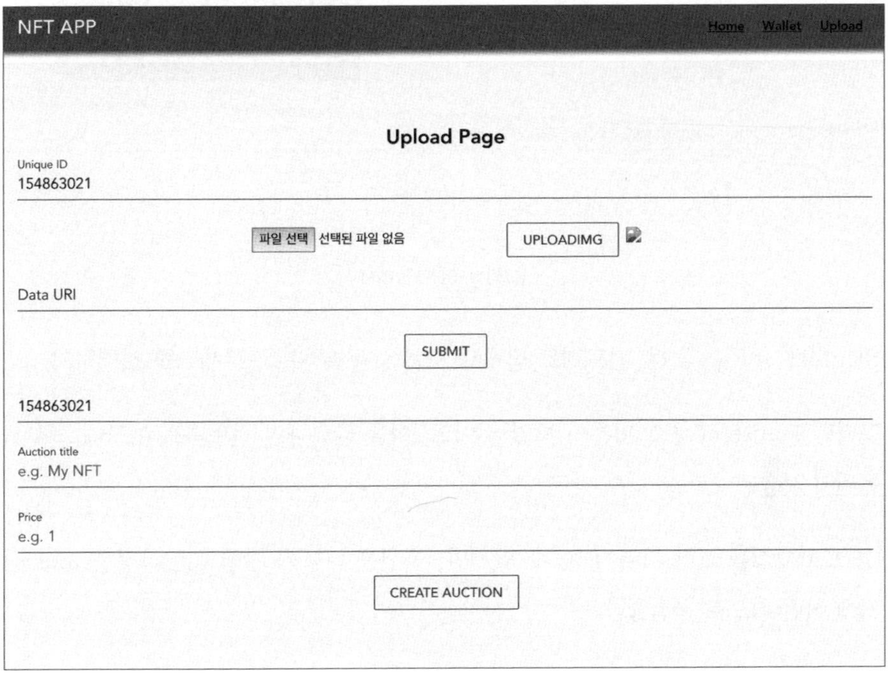

[그림 9-8] Upload

Unique ID는 랜덤 숫자로서 다르게 보일 수 있다.

파일 선택을 하여, 업로드하고자 하는 이미지를 선택하고 Upload Img 버튼을 클릭하면, Data URI 필드에 결과 IPFS 해시값이 들어갈 것이다.

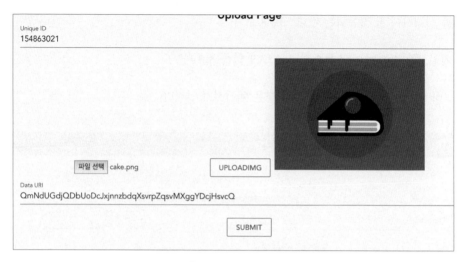

[그림 9-9] IPFS 해시

'SUBMIT' 버튼을 눌러, 컨트랙트 함수로 토큰을 등록하는 프로세스를 진행하자.

그러면 TransferToCA 버튼이 보일 것이고, 이를 클릭하면 컨트랙트 어드레스로 소유권이 전송된다.

UI 프로세스를 보다 간결히 할 수 있지만, 액션을 하나씩 수행하는 과정을 보고 싶기에 이런 식으로 구현했다.

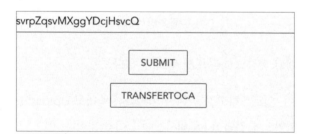

[그림 9-10] TransferToCA

그 다음, Auction title에 공개하고자 하는 옥션 제목을 넣고, Price 필드에 넣고자 하는 이더 가격을 넣는다. 여기서는 1 Ether를 넣겠다.

그리고 'CREATE AUCTION' 버튼을 클릭하면, 메타마스크가 열리고 트랜잭션을 승인한다.

[그림 9-11] 트랜잭션 승인

그러면 등록이 완료되는 것을 볼 수 있다.

[그림 9-12] 등록 완료

이제, Wallet 페이지로 들어가면 다음과 같은 화면이 나온다.

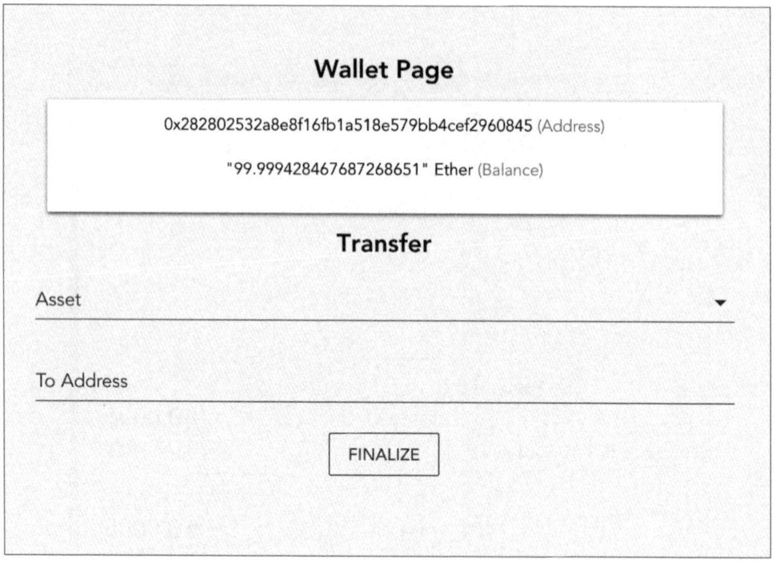

Wallet Page

0x282802532a8e8f16fb1a518e579bb4cef2960845 (Address)

"99.999428467687268651" Ether (Balance)

Transfer

Asset ▼

To Address

FINALIZE

[그림 9-13] Wallet

상단에는 현재 메타마스크와 연동된 계정과 잔액이 나온다.

만약, 잘 나오지 않으면 현재 메타마스크 로그인이 되어 있는지 확인한다.

Transfer 란에 Asset 필드를 누르면, 현재 등록되어 있는 옵션 id인 0이 나오고 이를 선택하면, 이에 대응되는 옵션 정보를 확인할 수 있다.

Transfer

Asset
0 ▼

Auction Info
Title: Cake 팝니다
Price: "1" Ether
TokenId: "472863116"
Owner: 0x5ffc6ca35a7ee8ed33228b47b49c21310e67339c

[그림 9-14] 옵션 정보

이 NFT 토큰의 Owner의 계정을 확인해 보자. 옥션 컨트랙트 어드레스임을 확인할 수 있다.

이제 ToAddress에 다른 어드레스를 대입해 보자. 가나슈를 열어 두 번째 계정 어드레스를 복사한 후, 필드에 넣고 'FINALIZE' 버튼을 누른다.

[그림 9-15] Finalize

이와 같이 컨트랙트 연동에 따른 메타마스크의 트랜잭션 요청이 오면, 승인을 눌러 트랜잭션이 컨펌되기를 기다린다.

이것이 완료되면, 해당 어드레스로 현재 옥션이 가지고 있는 토큰의 소유권이 변경된 것이다.

우리는 이미 옥션 컨트랙트에 소유자의 토큰의 소유권을 전송하였고, 이 컨트랙트가 중개자로서, 다른 소유자에게 토큰의 소유권을 전송함을 구현해 보았다.

마지막으로, Home 링크를 클릭하면, 다음과 같이 등록한 아이템을 확인할 수 있다.

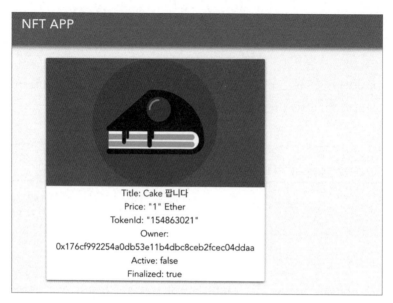

[그림 9-16] Home

Owner를 보면, 우리가 보낸 계정으로 소유권이 변경된 것을 확인할 수 있다.

기획을 보다 구체화하면, 마켓플레이스에서 경매를 통해 높은 가격을 제시한 계정을 선택하여 소유권을 전송하는 등의 액션을 추가로 구성할 수 있을 것이다.

찾아보기

ㄱ ~ ㄷ

가스	49
객체 표현식	17
거래	34
공개키	37
댑	34
더블 스펜딩	41
디지털서명	36
디스트럭처링	9

ㄹ ~ ㅁ

라우팅	240
라이프사이클	23
랜덤함수	124
마이그레이션	107
머클 트리	40
머클 패스	40
메인넷	35
메타마스크	42, 120, 126, 147, 163, 236
메타코인	111

ㅂ ~ ㅅ

배포	213
부트스트랩	180
블록익스플로러	38
블록체인	33
비트코인	33, 40
솔리디티	62
스마트 계약	48

스캐터	42

ㅇ ~ ㅈ

엉클블록	51
오라클	54
옥션	227
어드레스	34, 36
이더리움	48
이더스캔	54, 168, 213
익스포트	16
임포트	16
제네시스 블록	39
조건부 렌더링	27
주소	34
지갑	42

ㅊ ~ ㅋ

채굴	38, 40
컨트랙트	176
컨펌	34
컴포넌트	31
코인	34
콜드월렛	42
크립토키티	82, 97
클래스	6

ㅌ ~ ㅎ

테스트넷	35
테스트 네트워크	52

템플릿 문자열	8
토큰	34
트러플	103, 175
트러플 박스	104
트러플 테스트	220
패트리샤 트리	50
퍼블릭 네트워크	52
프라이빗 네트워크	52
프로미스	14
합의알고리즘	48
핫월렛	42
해시 함수	35
화살표 함수	5

A ~ B

ABI	48, 129, 168
arrow function	5
async	18
await	18
address	34, 36
axios	180
babel	220
Base58Check	36

C ~ D

CA	49
chai	223
coinbase	42
class	6
computed	26
confirmation	34
const	3
crowd fund	203
DApp	34
destructuring	9
DoS	38

dotenv	210

E ~ F

EOA	49
ERC20	77,113
ERC721	84, 216
ES5	1
ES6	2, 220
ETHPM	109
EVM	52
Faucet	163

G ~ H

Ganache	55, 174, 208, 237
Geth	57
hash tree	35
HD wallet	44

I ~ L

Infura	173, 209
IPFS	57, 209
Ledger Nano	43
let	3

M ~ N

mainnet	35
memory	230
modal	196
Mneumonic	44
MyEtherWallet	42
NFT	82
node.js	174, 186
nonce	40

O ~ P

OpenZeppelin	56, 113
Plasma	44
PoS	48
PoW	40
Promise	14

R ~ S

Remix	56, 122
Rest	10
Ropsten	128, 210
Sharding	44
SHA-256	35
Side chain	45
socket.io	174
Spread	10
Swarm	57

T ~ U

template string	8
testnet	35, 208
token	34
transaction	34
Trezor	43
truffle-hdwallet-provider	210
UTXO	41, 51

V ~ Z

VueJS	21
Vuetify	215, 236
vue-chat-scroll	180
VueX	119, 144
vue-router	236
v-model	30

web3	147, 236
wei	49
zeppelin-solidity	217

누구나 쉽게 배우는 블록체인 DApp 개발

이더리움으로 풀스택 완성하기

초판 1쇄 발행 ｜ 2019년 2월 22일

지은이 ｜ 박경호
펴낸이 ｜ 김범준
기획 ｜ 이동원
책임편집 ｜ 오민영
교정교열 ｜ 배규호
편집디자인 ｜ 한지혜
표지디자인 ｜ 유재헌

발행처 ｜ 비제이퍼블릭
출판신고 ｜ 2009년 05월 01일 제300-2009-38호
주소 ｜ 서울시 종로구 중학동 19 더케이트윈타워 B동 2층 WeWork 광화문점
주문/문의 ｜ 02-739-0739   **팩스** ｜ 02-6442-0739
홈페이지 ｜ http://bjpublic.co.kr   **이메일** ｜ bjpublic@bjpublic.co.kr

가격 ｜ 26,000원
ISBN ｜ 979-11-86697-77-1
한국어판 © 2019 비제이퍼블릭